a simples arte de fazer
# tortas doces

a simples arte de fazer
# tortas doces

## Lu Bonometti

# Sumário

| | |
|---|---|
| Por que um livro sobre tortas doces? | 6 |
| A composição de uma torta doce | 9 |
| Técnicas | 12 |
| Bases para tortas doces | 14 |
| Abrindo a massa | 18 |
| Forrando a fôrma | 20 |
| Assando sem recheio | 22 |
| Utensílios | 23 |
| Ingredientes | 26 |
| Assando tudo junto | 32 |
| Assando tudo separado | 86 |
| Criando a sua própria torta | 114 |
| Diferentonas | 143 |
| Acabamentos | 157 |
| Agradecimentos | 173 |
| Índice alfabético | 174 |
| Índice por ingrediente | 175 |

# Por que um livro sobre tortas doces?

As tortas ganharam meu coração na infância. Lembro bem dos desenhos animados em que algum personagem prepara uma torta, que sai do forno com aquela fumacinha perfumada que paira chamando os demais para atacar o quitute. Essa cena, que se repete tantas e tantas vezes nas animações, sempre me abriu o apetite e dá água na boca só de lembrar.

Quando decidi estudar confeitaria, redescobri as tortas com outro olhar. Hoje as vejo como a preparação mais versátil do mundo dos doces. Imagine qualquer ingrediente. Tenho certeza de que dá para fazer uma torta com o que você pensou! E isso me fascina.

Com o tempo, desenvolvi um método para criar tortas e meu objetivo com este livro, além de compartilhar receitas gostosas que reuni ao longo dos anos, é ensinar você a inventar suas próprias combinações com o ingrediente que quiser e para qualquer ocasião: das tortas elaboradas para momentos especiais às simples e igualmente gostosas para o dia a dia.

## COMO USAR ESTE LIVRO?

Este livro é composto basicamente de quatro partes. Na primeira, vou tratar de maneira simples de técnicas de preparo das massas, da função dos ingredientes e utensílios e de dicas gerais. A seguir, vêm duas seções de receitas, com tortas clássicas da confeitaria internacional que precisam fazer parte do seu repertório. Elas estão divididas entre as que assamos a massa e o recheio juntos e aquelas cuja massa precisa ser pré-assada antes de receber o recheio.

Aí, vem minha parte favorita: ensinar receitas básicas de cremes, recheios e ganaches que podem ser personalizados com ingredientes fáceis, que talvez já estejam na sua despensa ou geladeira. Também, compartilho algumas receitas que desenvolvi ao longo do tempo usando esses atalhos.

Por fim, separei algumas tortas que considero meio diferentonas, porque ou não precisam de fôrma, ou não são assadas, quer dizer, não se encaixam no modelo tradicional de torta doce.

Se você quiser utilizar este livro simplesmente como um livro de receitas, fique à vontade. Mas espero que se interesse em ir além, conhecer um pouco da parte teórica e criar receitas que tenham a sua cara.

# A composição de uma torta doce

Toda torta é composta basicamente de dois elementos: massa e recheio. Nosso foco, neste momento, é o primeiro elemento.

Na maioria dos casos, podemos pensar na massa da torta como a moldura de um quadro: sua função é proteger e salientar a obra de arte que está em seu interior. Na maioria das vezes, você vai olhar um quadro e reparar só na tela, sem notar a armação em volta dela. E isso não é um problema, a moldura cumpriu sua função. Mas, em outros casos, a moldura é tão bonita quanto a obra e também chama a atenção, tornando o conjunto mais interessante. Outras vezes pode acontecer o contrário: uma moldura feia acaba desviando o olhar de um trabalho artístico bonito e prejudica o quadro.

O mesmo acontece com as tortas. Aquela massa que some na torta, que ninguém nota, dando protagonismo total ao recheio, desempenhou seu papel. Já a massa perfeita é a que faz as pessoas comentarem especificamente sobre ela, enaltecendo sua textura, sabor e espessura, que combinaram perfeitamente com aquilo que ela carrega. A massa ruim dispensa comentários, é aquela que sobra no canto do prato.

De maneira geral, as massas de torta são todas muito semelhantes em termos de ingredientes, mas as diferenças nos métodos de preparo resultam em produtos muito distintos entre si.

A seguir, vou apresentar os tipos mais comuns de massa e suas características.

## MASSA BRISÉE

É o que conhecemos aqui por massa podre, mas detesto chamá-la assim. Seu nome vem do verbo francês *briser*, que quer dizer "quebrar", fazendo alusão à sua característica principal: ser bem quebradiça.

É composta por farinha de trigo, manteiga, água gelada e uma pitada de sal. Sim, você leu certo e não, eu não esqueci de mencionar o açúcar. Esta é uma massa sem adição de açúcar algum. Isso faz com que seja utilizada tanto em receitas doces quanto salgadas. Aqui no Brasil é um pouco mais difícil fazermos tortas doces em uma base neutra, pois somos chegados em sobremesas mais adocicadas, mas, na Europa, é bastante comum o uso desta massa quando o recheio da torta é de um dulçor mais intenso.

Seu método de preparo habitual é o sablage (ver página 12).

## MASSA SABLÉE

Seu nome se origina de *sable*, "areia" em francês. Como é possível imaginar, trata-se de uma massa que, se feita corretamente, se esfarela com facilidade.

Seus ingredientes básicos são farinha de trigo, manteiga, açúcar e ovo (ou apenas a gema), mas podem ocorrer substituições parciais da farinha de trigo por farinha de amêndoas, amido de milho, fécula de batata, dentre outros, para garantir uma textura mais quebradiça. Isso será abordado na seção de ingredientes.

Esta massa pode ser feita tanto pelo método sablage quanto pelo crémage.

## MASSA SUCRÉE

É a mais açucarada das massas para tortas da confeitaria francesa e uma das bases que mais usaremos neste livro (foto abaixo).

Leva o mesmo conjunto de ingredientes da sablée, mas sua textura depois de assada costuma ser mais compacta e resistente. Pode ser feita por crémage ou sablage.

## MASSA FLAKY

É o estilo de massa típica das tortas da culinária norte-americana. Diferencia-se das massas de estilo francês, pois, ao ser quebrada, se desfaz em pequenas lâminas finas, o que dá uma crocância diferente e deliciosa (foto abaixo). Junto com a sucrée, será uma das massas mais usadas neste livro.

É composta por farinha de trigo, manteiga (muito importante estar bem gelada!), açúcar e água fria.

O segredo está no preparo, que deve ser rápido e seguir obrigatoriamente o método sablage. A manteiga não pode ser absorvida completamente pela massa, ficando em pequenos pelotes visíveis. São esses pedacinhos que, ao derreterem durante a cocção, criarão a textura laminada que lhe é peculiar (e maravilhosa).

## MASSA DE BISCOITOS

Também popular na culinária dos Estados Unidos e bastante utilizada aqui no Brasil, é a massa feita à base de biscoitos triturados acrescidos de manteiga derretida e, eventualmente, açúcar.

Diferentemente de todos os outros tipos abordados, esta massa não será aberta com rolo e depois colocada sobre a fôrma, e sim pressionada diretamente no recipiente em que a torta será montada.

Outra diferença relevante é que, por ser feita de biscoitos, que são produtos já assados, ela não precisa passar obrigatoriamente por outra cocção antes de ser recheada. Em alguns casos, basta ser resfriada para que a manteiga solidifique.

# Técnicas

A seguir, trataremos das técnicas para trabalhar as principais massas de torta.

## PREPARANDO A MASSA

Como você pôde perceber na seção anterior, são dois os métodos principais para a produção das massas de torta: crémage e sablage.

### Crémage

O processo se inicia batendo, na batedeira, a manteiga, que deve estar em temperatura ambiente e em textura de pomada, com o açúcar até a obtenção de um creme claro e fofo. O objetivo nesta fase é que o atrito dos grãos de açúcar com a manteiga crie microbolhas de ar, que, uma vez presas na massa, contribuem para uma textura delicada no produto final. Na sequência, serão incorporados os ovos, um a um e em temperatura ambiente, batendo a cada adição. O que estamos fazendo até este ponto é criar uma boa emulsão de líquidos e gorduras para que, quando adicionarmos a farinha no passo seguinte, ela não encontre nenhuma água disponível para desenvolver seu glúten, resultando assim em uma massa quebradiça.

### Sablage

Consiste em fazer uma farofa grossa com a manteiga gelada e a farinha. Este processo visa impermeabilizar com gordura os grãos de farinha de maneira a impedir o contato com líquidos que poderiam ativar o glúten, sempre em busca de uma massa friável.

Depois de pronta, independentemente do método utilizado, deve-se cobrir a massa com filme de PVC e deixar descansar em geladeira por, pelo menos, 30 minutos. Mesmo que tomemos as precauções citadas nos métodos de misturar os ingredientes, inevitavelmente, haverá algum nível de desenvolvimento da malha glutínica. O tempo de repouso promove um relaxamento do glúten, o que deixará a massa mais fácil de abrir, com menos daquela chatice de ela ficar encolhendo conforme abrimos com o rolo. Além disso, pelo mesmo motivo, diminui a chance de a massa retrair enquanto assa. O repouso até poderia ser em temperatura ambiente que garantiríamos os mesmos resultados. Optamos por colocar em geladeira para que a manteiga se mantenha sólida, o que vai deixar a massa mais firme e fácil de manusear para forrar a assadeira no passo seguinte.

# Bases para tortas doces

As receitas deste livro foram pensadas para a produção de tortas de 24 cm de diâmetro, o que considero um bom tamanho de sobremesa (serve de 8 a 12 porções a depender da generosidade de quem fatia). Mas espero que você varie a apresentação fazendo tarteletes, minitortas e tortas em formatos variados como quadradas e retangulares (ver páginas 166-167).

Substitua ⅓ de xícara de farinha de trigo por ½ xícara de farinha de amêndoas ou ⅓ de xícara de amido de milho ou fécula de batata para massas mais quebradiças. Se você for fazer somente uma torta, pode embalar a massa restante em filme de PVC e congelar por até dois meses. Quando for usá-la, retire do congelador e deixe em geladeira por 12 horas antes de abrir.

Por fim, o mais importante: a escolha do tipo de massa para cada receita se deu em função da tradição ou do meu gosto pessoal, mas não quer dizer que você não possa substituir a massa flaky pela sucrée e vice-versa. Escolha a que agradar mais o seu paladar ou a que você considere mais fácil de preparar e seja feliz.

## MASSA FLAKY

*Rende 1 torta de 24 cm de diâmetro, com tampa*

1 colher (sopa) de vinagre (qualquer tipo)
½ xícara de água gelada
200 g de manteiga cortada em cubos, gelada (leve 125 g à geladeira e 75 g ao congelador até que os cubos fiquem bem firmes)
2¼ xícaras (280 g) de farinha de trigo
2 colheres (chá) de sal
1 colher (sopa) de açúcar

1. Misture o vinagre e a água e leve à geladeira até a hora de usar.
2. Coloque a manteiga que estava na geladeira, a farinha, o sal e o açúcar no processador e bata até formar uma farofa grossa. Os pedaços de manteiga devem ficar visíveis, do tamanho de lentilhas.
3. Adicione o restante da manteiga, a quantidade congelada, e bata novamente até os pedaços ficarem do tamanho de ervilhas.
4. Coloque no processador 3 colheres (sopa) da mistura de água e vinagre. Bata rapidamente. No processador, a massa ainda vai parecer uma farofa, ela não fica homogênea neste momento.

5. Teste o ponto da massa: pegue um punhado da farofa de massa e aperte na palma da mão. Se ele se unir formando uma massinha, já está bom. Se continuar uma farofa, junte mais uma colherada da mistura de água e vinagre, bata rapidamente e repita o teste.
6. Despeje a farofa sobre a bancada e, com as mãos, vá trabalhando rapidamente até formar uma bola e não estar mais esfarelando.
7. Divida a massa em três partes iguais: junte duas dessas partes em uma única bola que será usada para forrar a fôrma, e a outra será usada como tampa para cobrir o recheio.
8. Embrulhe as duas partes em filme de PVC e leve à geladeira por, pelo menos, 30 minutos.
9. Retire a parte maior de massa e abra com bem pouca farinha entre dois pedaços de filme de PVC, dois tapetes de silicone ou duas folhas de papel-manteiga. Você também pode abrir diretamente sobre a bancada usando uma quantidade um pouco mais abundante de farinha. (Veja dicas sobre como abrir massa e forrar fôrmas na página 18 e seguintes.)
10. Forre a fôrma e corte os excessos de massa com uma tesoura (para este tipo de massa, funciona muito melhor do que a faca).
11. Se for uma torta coberta, abra a massa da tampa do mesmo que abriu o fundo e faça dois cortes em X no centro dela para que, quando a torta estiver assando, o vapor escape por eles.
12. Recheie a massa da fôrma conforme o indicado na receita. Cubra com a tampa, sele as bordas e corte os excessos.
13. Pincele com leite ou uma gema e leve ao forno conforme indicado na receita.

# MASSA SUCRÉE

*Rende 2 tortas baixas de 24 cm de diâmetro, sem tampa*

3 xícaras (350 g) de farinha de trigo

175 g de manteiga cortada em pedaços pequenos, gelada se optar pelo método sablage ou em temperatura ambiente se pelo crémage

½ xícara (100 g) de açúcar

1 colher (chá) de sal

1 ovo

### Método crémage

1. Em uma batedeira, bata a manteiga com o açúcar até obter um creme pálido e fofo.
2. Adicione o ovo e bata até incorporar bem.
3. Retire a massa da batedeira e junte a farinha e o sal. Incorpore até ter uma massa lisa e homogênea.
4. Divida a massa em duas partes iguais. Embrulhe em filme de PVC e leve à geladeira por, pelo menos, 30 minutos.
5. Abra a massa entre dois pedaços de filme de PVC, tapetes de silicone ou pedaços de papel-manteiga. Outra opção também é abrir a massa sobre a bancada enfarinhada.
6. Enrole a massa aberta no rolo e desenrole sobre a fôrma. Forre a fôrma pressionando a massa para que ela cubra perfeitamente cada cantinho. (Veja dicas sobre como abrir massa e forrar fôrmas na página 18 e seguintes.)
7. Prossiga de acordo com o indicado na receita da torta.

### Método sablage

1. Coloque em um processador a farinha e a manteiga gelada. Bata até obter uma farofa amarelada.
2. Adicione o açúcar e o sal e pulse, apenas para misturar.
3. Junte o ovo e bata até a massa começar a se formar. Apenas começar, ok?
4. Retire a massa do processador quando ainda estiver bem irregular, com partes mais molhadas e outras mais farofentas, e coloque-a compactada sobre uma bancada limpa e seca, não precisa enfarinhar a bancada.
5. Com a parte da palma da mão que fica mais perto do pulso, vá pressionando uma extremidade da bola de massa, achatando-a contra a bancada e deslizando um pouco. O movimento é como se seu pulso quisesse se apoiar na massa e escorregasse lá de cima, mas você deve colocar um pouco de força. Quando "escorregar", posicione a mão novamente em cima da bola de massa e repita, até a massa ficar toda estendida sobre a bancada. Esse movimento chama-se *fraser*, em francês, e é ele que vai fazer com que a massa fique homogênea, mas sem trabalhar muito o glúten. Se quiser ver como é feito, pesquise *fraser une pâte* na internet.

### Fazendo o método sablage à mão

Eu gosto de ensinar este método com processador, pois é mais rápido e garante um ótimo resultado, mas é claro que não é obrigatório.

1. Para fazer à mão, comece com a manteiga cortada em cubos bem pequenos e bem gelada.
2. Coloque em uma tigela a farinha e a manteiga e, com a ajuda de um garfo, comece a amassar a manteiga em meio à farinha. Ajude com as mãos para obter uma farofa.
3. Se perceber que a manteiga não está mais geladinha, leve a mistura à geladeira por alguns minutos.
4. Siga a receita incorporando manualmente os ingredientes e sempre prestando atenção na temperatura. Com o contato direto com as mãos, a temperatura tende a subir mais rápido, o que pode prejudicar a massa!

# Abrindo a massa

Quem gosta de fazer tortas sabe: parece algo simples, mas abrir a massa direitinho tem seus segredos e truques para garantir um trabalho bem-feito e sem estresse!

A primeira coisa é a temperatura de trabalho da massa, que deve ser mais para fria. Fazer o repouso da massa em geladeira, conforme já dito, ajuda bem nesse quesito. Caso a massa esteja muito dura (caso tenha passado a noite toda na geladeira, por exemplo), basta dar umas batidas com o rolo sobre ela e logo vai ficar na textura correta para o manuseio. Uma coisa importante de se ter em mente é que moramos em um país quente, ou seja, abrir uma massa à base de manteiga em uma espessura fina pode mesmo ser um desafio em certas épocas do ano. Não há nada de errado em ter de voltar a massa para a geladeira por uns minutinhos, caso necessário, no meio do processo. E isso não é vergonha! Muitas vezes eu abro até a espessura que desejo, coloco na geladeira por uns 5 minutos e só então transfiro para a fôrma. Isso não é um passo obrigatório igual ao repouso inicial, mas é algo que ajuda muito em dias quentes. "Ah, Luciana, mas eu tenho pressa..." Garanto a você: demora menos a espera desses 5 minutos do que tentar colocar uma massa mole na fôrma, já que ela pode rasgar toda e você vai ter que recomeçar o processo.

Eu não gosto muito de abrir a massa em uma superfície enfarinhada. Acho que faz um mundo de sujeira, gruda na bancada, no rolo, em tudo. Além disso, você acaba incorporando mais farinha e isso pode mudar o resultado na torta pronta.

Minha preferência é abrir entre dois pedaços de filme de pvc ou de papel-manteiga de boa qualidade (aqueles que parecem encerados, brilhantes), dois sacos plásticos ou dois tapetes de silicone. Basta você colocar a massa sobre a primeira camada do material escolhido (digamos que sejam dois sacos plásticos daqueles de congelar, abertos na lateral e fundo para virarem uma folha), colocar outra por cima e passar o rolo sobre o conjunto. Pronto. Não usou farinha, está tudo limpo e, como bônus, se você precisar voltar a massa para a geladeira no meio do processo, já está embalada!

Para abrir, lembre-se: quem gira é a massa e não você! Nada de ficar se entortando para abrir a massa em vários ângulos. Você deve fazer o movimento do rolo com os braços apenas empurrando para a frente e retornando para a posição inicial. Repita esse movimento três a quatro vezes, gire a massa cerca de 45° e vá repetindo esse processo. Assim, você garante uma massa aberta em um formato circular e não vai trabalhar em posições pouco ergonômicas. Suas costas e ombros agradecem.

Sobre a espessura: o padrão é usar a massa com aproximadamente 3 mm, mas gosto de considerar o tamanho da torta que estou fazendo para definir. Minitortas, aquelas do tamanho de uma empadinha, nessa espessura, terão proporcionalmente mais massa em relação ao recheio, então opto por abrir um pouco mais fina. Já para tortas grandonas, com 28 cm ou mais, prefiro deixar a massa um pouco mais grossa para que tenha mais sustentação.

Para garantir a espessura uniforme, existe um utensílio chamado régua niveladora. Falarei dele mais adiante quando for tratar de utensílios. Mas algo que faço quando estou abrindo a massa entre duas folhas plásticas e sem a régua é levantá-la contra a luz e observar se a luminosidade a está atravessando de forma uniforme. Dessa maneira, é fácil de identificar caso haja alguma parte mais grossa ou mais fina e fica fácil de corrigir.

# Forrando a fôrma

Esta é a hora que dá frio na barriga em todo mundo, mas com as dicas a seguir espero deixar você mais confiante!

    A primeira coisa é ver se a massa está em um bom tamanho para cobrir a fôrma. Para isso, eu gosto de pegar um barbante e colocá-lo dentro da fôrma descendo pela borda, atravessando o fundo pelo meio e subindo do outro lado. Corto o barbante nessa medida e o uso de referência para ver o tamanho da massa. Se o fio estiver maior que o diâmetro da massa, devemos estendê-la um pouco mais. Já no caso oposto, se a massa estiver superando muito o barbante, é melhor já aparar o excesso, pois massa demais pode atrapalhar.

    Se você estiver fazendo minitortas, tarteletes individuais ou até tortas de diâmetro não muito grande, minha dica é providenciar um cortador que tenha o diâmetro adequado para a forração da torta, ou seja, ele tem de ser um pouco maior do que a borda da forminha. Isso dá agilidade ao processo.

Agora que já temos a massa no tamanho certo, vale confirmar que sua consistência esteja boa: nem muito mole que se despedace quando você tentar levantar, nem muito dura que não tenha maleabilidade.

Que rufem os tambores! Chegou o temido momento.

Se você abriu a massa entre duas camadas de plástico ou tapetinhos de silicone, basta tirar a camada superior, virar a massa sobre a fôrma de modo que a massa fique em contato com sua superfície, ajustar o posicionamento, se necessário, e tirar a segunda camada de cima. Bem fácil e prático.

Caso você tenha optado por abri-la sobre uma superfície enfarinhada, polvilhe um pouco de farinha sobre a massa e espalhe para garantir que ela esteja toda coberta, então, vá enrolando delicadamente a massa no rolo que usou para abri-la. O segredo é não apertar para a massa não aderir nela mesma. Depois de enrolada, desenrole-a sobre a fôrma, com o cuidado de tentar acertar o posicionamento, pois fica um pouco mais difícil de corrigir depois.

Importante salientar: pequenas rachaduras na massa ou correções que você tenha de fazer não são nenhum pecado mortal. Emende o que precisar com aparas de massa e está tudo certo. Quando a massa assar, mal dará para perceber. Fique tranquilo.

Faça pressão com a ponta dos dedos para acomodar bem a massa em toda a fôrma. Tome cuidado especial com a quina entre a base e a lateral da fôrma: a massa deverá fazer o ângulo certinho, sem ficar abaulada, côncava.

Com uma faca de lâmina lisa, retire o excesso de massa nas bordas. O melhor jeito é fazer movimentos de dentro para fora e ir girando a fôrma conforme faz o processo.

Para finalizar, com a ajuda de um garfo ou a ponta de uma faca, faça furinhos na parte da massa que está na base da fôrma. Isso ajuda a prevenir a formação de bolhas.

Agora a massa está pronta para receber o recheio e/ou ir ao forno, mas, caso queira esperar, pode cobrir com um plástico e deixar na geladeira para finalizar mais tarde.

# Assando sem recheio

Assar a massa sem recheio (ou pré-assar, assar em branco) é algo simples.

Caso você tenha seguido bem o passo a passo de forrar a fôrma e esteja se sentindo seguro, pode colocá-la diretamente no forno e observar. Caso apareça alguma bolha no fundo, fure o quanto antes.

Se não está tão confiante, coloque um pedaço de papel-manteiga ou papel-alumínio no interior da torta e cubra-o com feijões crus ou outra leguminosa seca (lentilha, por exemplo). Existem à venda bolinhas de cerâmica próprias para servirem de pesinho, mas não costumo indicar porque elas cumprem o mesmo papel dos feijões, então não vejo vantagem. Guarde os feijões usados em um pote com a etiqueta "feijões para torta" e reutilize algumas vezes. Só não pode comer!

Asse a massa até estar quase pronta. Retire do forno, remova o papel com os feijões e volte a torta ao forno para finalizar a cocção. Se a receita pedir que você asse completamente a massa antes de colocar o recheio nela, deixe-a no forno até ficar dourada. Mas se a receita pedir que você apenas pré-asse a massa, retire-a do forno quando já estiver mais firme, mas ainda bem clarinha.

Aqui vale lembrar: cada forno é um forno. Use a indicação de tempo e temperatura das receitas como uma referência, sabendo que, no seu forno, pode ser que não seja exatamente como está descrito. As receitas foram testadas para forno doméstico.

## PASSO A PASSO

Preaqueça o forno a 180 °C. Abra a massa e forre a fôrma com capricho, seguindo as indicações da página anterior. Faça furos na massa com um garfo. Leve à geladeira por 10 minutos. Asse por 30 minutos ou até dourar, prestando muita atenção durante os primeiros 15 minutos no aparecimento de bolhas, que devem ser furadas.

# Utensílios

Acho que tortas são bem democráticas de se fazer, não exigem nada de muito especial, mas aqui vou tratar de ferramentas que podem ser úteis em sua preparação e, também, de como se virar sem elas.

**BALANÇA** Utensílio indispensável na cozinha, em minha opinião. Ajuda muito a conseguir resultados consistentes nas receitas. Usando os medidores caseiros, xícara, por exemplo, estamos sempre correndo o risco de certas subjetividades: uma pessoa pode achar que uma xícara está cheia quando está faltando 5 mm para a borda, outra pode deixar o ingrediente superar a capacidade do recipiente, fazendo uma montanha em cima, e achar que é assim que está cheia. E isso vai dar diferença no resultado da receita. Ou, então, o ingrediente pode estar mais compacto ou mais soltinho e, mesmo que as xícaras estejam visualmente no mesmo nível, o resultado será diferente. Por isso, se puder, sempre use uma balança.

**MEDIDORES** Se você optou por não usar balança, use medidores de xícara e colher em vez de pegar uma xícara aleatória ou a colher que usa para comer. Use medidores apropriados. Esses utensílios têm o volume padrão que utilizamos para calcular as receitas. No caso de ingredientes secos (farinhas açúcares, por exemplo), encha o medidor e depois nivele com o dedo ou uma faca.

**BATEDEIRA** Para fazer massas pelo método crémage ou alguns recheios e coberturas (por exemplo o merengue da Torta de limão da página 96 ou o chantili da Banoffee da página 152) pode ser um bom auxílio. Em ambos os casos, não é necessário que seja planetária. Se for uma batedeira convencional, indico que, para fazer a massa, execute o crémage na batedeira, mas incorpore a farinha manualmente para preservar o motor de um possível esforço. Não tem uma? Sem problemas: use um batedor de arame e exercite seus braços!

**PROCESSADOR** Eu não escondo que amo de todo o coração o processador. Para fazer tortas é um ótimo utensílio, dando muita rapidez. Perfeito para fazer a farofinha da massa no método sablage, combina a manteiga gelada com a farinha de trigo de maneira rápida, sem esquentar, garantindo agilidade e resultado indefectível. Também é bem útil na preparação de recheios picando oleaginosas, fatiando frutas ou fazendo purês.

**FÔRMA DE FUNDO REMOVÍVEL** Existem basicamente dois tipos:
- **COM TRAVA LATERAL** normalmente alta, sempre de borda lisa, ideal para tortas como cheesecake. Para desenformar, basta destravar e remover a lateral com cuidado.
- **SEM TRAVA, FUNDO SOLTO** Geralmente baixas ou médias, disponíveis em versão lisa ou canelada e em diversos formatos (redonda, quadrada, retangular etc.). Para desenformar, pode-se apoiar o fundo da fôrma em algo como uma lata ou xícara e, delicadamente, pressionar as laterais para baixo. A torta ficará sobre a elevação e a fôrma vai cair sobre a mesa.

**AROS** Alternativa às fôrmas de fundo removível. Têm bom custo-benefício e são superfáceis de encontrar, em vários diâmetros, em lojas de produtos para confeitaria. Para utilizar, basta apoiar sobre uma assadeira com o fundo bem plano e colocar a massa como se aro e assadeira fossem uma coisa só. Para desenformar, é só remover o aro cuidadosamente após a cocção e, depois, levantar a torta com uma espátula.

**PRATO REFRATÁRIO PARA TORTA** Nos Estados Unidos é habitual assar a torta no recipiente em que ela será servida. Ela não é desenformada. Então, muitas vezes, as tortas são assadas em refratários de vidro ou cerâmica, que são mais bonitos de serem levados à mesa do que as fôrmas de alumínio. Esses pratos têm um formato que lembra um prato de sopa, só que mais fundo. A borda desses pratos é mais larga do que a das fôrmas convencionais, isso permite que a massa da borda das tortas seja mais trabalhada, pois ela tem onde ficar apoiada. Mesmo as fôrmas metálicas, por lá, seguem esse formato de prato com borda larga, permitindo que se faça o trabalho nas massas. Esse trabalho se chama crimping e você pode aprender uma das muitas maneiras de fazê-lo na página 160.

**ROLO PARA ABRIR MASSA** Este é indispensável. Pode ser encontrado em diversos materiais. Não existe um tipo mais indicado que outro, apenas recomendo cuidado redobrado com a higiene se for em madeira, pois se trata de material poroso e pode acumular pequenos restos de massa em suas ranhuras. Caso esteja sem rolo e precise abrir uma massa com urgência (nunca se sabe, né?), use uma garrafa de vidro vazia, sem rótulo e lavada.

**FOUET** Batedor de ovos formado por várias hastes curvadas em forma de gota, que podem ser de aço inox ou silicone, e presas a um cabo. Serve para bater claras, massas, cremes, molhos etc. para que a mistura fique mais lisa e homogênea.

**RÉGUAS NIVELADORAS** Abrir massa em uma mesma espessura exige cuidado e delicadeza. É muito fácil deixar as bordas finas e o meio bem mais grosso. As réguas nada mais são do que um par de hastes de uma mesma espessura, que devem ser posicionadas nas laterais da massa a ser aberta, na distância máxima do comprimento do rolo, de forma que este sempre passe por cima de ambas. Desse modo, o rolo nunca vai pressionar a massa abaixo do nível das réguas. Uma vez que chegar na espessura, pronto, toda a massa estará uniforme. É indispensável? Não. Eu mesma usei pouquíssimas vezes. Mas acho algo bem legal para quem está começando e tem a mão pesada no rolo. Garante um acabamento bem legal, sem estresse. E, sim, dá para improvisar: compre réguas escolares e cole uma a outra até obter a espessura desejada. Faça um par de réguas coladas iguais e pronto!

# Ingredientes

Como vimos, as massas de maneira geral são compostas por farinha de trigo, manteiga, açúcar e um líquido, geralmente ovo ou água gelada. Mas, algumas vezes, vamos encontrar outros ingredientes. Qual seria a diferença no efeito final da massa da torta?

## OS SECOS

**AMIDO DE MILHO, FARINHA DE ARROZ, FÉCULA DE BATATA** Entram muitas vezes como substitutos de parte da farinha de trigo na receita. Como não contêm glúten, sua função principal é ajudar a garantir a textura delicada da massa quando assada, garantindo que desmanche na boca.

**FARINHA DE OLEAGINOSAS (AMÊNDOAS, AVELÃS, CASTANHA DE CAJU ETC.)** Por também não conter glúten, vão, em parte, garantir o mesmo efeito dos ingredientes do item anterior, mas seu impacto vai além. Como o próprio nome diz, é um ingrediente que traz mais gordura e sabor para a receita. Normalmente, a quantidade que aparece nas preparações não é grande suficiente para o sabor "gritar" na receita, mas dá um toque a mais. Aquilo que as pessoas vão comer e ficar pensando "Hum, que massa boa, tem algo diferente aqui...." Mas, em minha opinião, o que eu mais gosto ao utilizar esses ingredientes é a textura dos grãozinhos dessas farinhas na massa. Por serem mais grossos, eles dão uma textura diferente à massa assada, uma leve aspereza, e isso me agrada bastante.

## OS AÇÚCARES

**CRISTAL (ORGÂNICO OU NÃO)** Substitutos perfeitos para o açúcar refinado comum. Pessoalmente, sempre uso o cristal orgânico. Quando, nas receitas, não for mencionada nenhuma especificação, se estiver escrito apenas "açúcar", quer dizer que usei o cristal orgânico.

**DEMERARA** Com textura similar ao cristal, mas coloração levemente dourada, é um pouco menos processado. Pode ser usado no lugar do açúcar comum.

**CONFEITEIRO** É um açúcar refinado mais moído, para virar um pó bem fininho. Às vezes, aparece nas massas de torta, mas apenas porque sua textura deixa a massa mais delicada que o refinado ou o cristal, que, por serem mais grossos, podem ser mais difíceis de se dissolverem. Ou seja, a diferença será apenas de sentir ou não algum grãozinho de açúcar na massa. Por isso eu considero que seja substituível também.

**IMPALPÁVEL** É uma mistura de açúcar de confeiteiro com um pouquinho de amido de milho, para evitar que empedre. Pode ser utilizado no lugar do açúcar de confeiteiro para polvilhar e dar acabamento, mas não recomendo que seja colocado como ingrediente em receitas.

**MASCAVO** É um açúcar que tem propriedades higroscópicas mais fortes que o convencional. Ou seja, ele tende a atrair a água e a se ligar a ela. Isso faz com que a textura da massa, quando assada, fique consideravelmente diferente do que quando feita com açúcar branco. Ou seja, por mais que seu sabor seja delicioso e ele seja mais rico nutricionalmente que o açúcar branco, não indico a substituição indiscriminadamente.

# AS FRUTAS

**FRUTAS VERMELHAS** Dê preferência sempre às frutas frescas, pois as congeladas soltam mais água e perdem um pouco de textura. Na impossibilidade de achar frescas, deixe as congeladas escorrendo em uma peneira dentro da geladeira enquanto descongelam, cerca de 12 horas.

**MORANGOS** Sempre prefira os menores. São mais saborosos e ficam mais bonitos na decoração da torta.

**MAÇÃ** Nossa recordista no livro, esta fruta aparece em seis receitas. Entre tantas variedades de maçã no mercado, como escolher? Maçãs variam em textura, sabor e acidez. A seguir, explico melhor os quatro tipos mais comuns:

- **GALA** A mais doce. Não se desmancha muito quando assa. Tem textura levemente esfarelenta.
- **FUJI** Firme, com acidez intermediária. Sabor não tão pronunciado. Depois de assada, pode até ser confundida com pera.
- **RED ARGENTINA** Tem sabor menos pronunciado que as demais. Amolece bastante na cocção, ficando com textura quase de purê.
- **VERDE** É a mais ácida de todas e a que demora mais para oxidar e escurecer depois de cortar. Não se desmancha ao assar.

*Minha sugestão é evitar a Red Argentina, quando possível. Entre as outras, escolha a que você encontrar com facilidade e agradar seu paladar. Uma dica é misturar a maçã verde com outro tipo para uma variedade de sabores e texturas na torta.*

# Assando tudo junto

Aqui estão algumas das tortas mais rápidas de serem montadas. Faz-se a massa, prepara-se o recheio, junta-se os dois na fôrma e pronto! É só levar para assar.

# Cheesecake

*Cake significa bolo em inglês, mas não há dúvidas de que esta sobremesa seja uma torta! Grande parte das receitas tradicionais deste doce levam sour cream (creme azedo), um ingrediente que não encontramos por aqui. Vamos substituir por iogurte grego não adoçado e o efeito é ótimo.*

*Existem receitas de cheesecake que não são assadas, o que não é este caso. Como você pode ver na foto da página 36, este fica douradinho em cima.*

### Massa de biscoitos

200 g de biscoito do tipo maisena
70 g de manteiga derretida
1 colher (sopa) de açúcar mascavo
¼ de colher (chá) de sal

### Recheio

900 g de cream cheese em temperatura ambiente
2 xícaras (400 g) de açúcar
1 colher (chá) de sal
3 colheres (sopa) de farinha de trigo
6 ovos
½ xícara (120 g) de iogurte grego natural (não adoçado)

### Calda

3 xícaras de frutas vermelhas picadas (morango, framboesa, mirtilo, amora)
1½ xícara (300 g) de açúcar
suco de 1 limão

### Massa de biscoitos

1. Cubra a parte externa (fundo e laterais) de uma fôrma alta de fundo removível e 24 cm de diâmetro com duas camadas de papel-alumínio.
2. Triture todos os ingredientes da massa juntos em um processador até obter uma farofa úmida. Se não tiver um processador à mão, coloque as bolachas em um saco para culinária e triture-as batendo com um rolo de abrir massa até esmigalhar por completo. Retire do saco, passe para uma tigela e misture os outros ingredientes.
3. Coloque essa farofa na fôrma preparada, espalhando-a por igual no fundo da fôrma e pressionando com as mãos, até que fique compactada em uma camada uniforme. Reserve.

### Recheio

1. Na tigela de uma batedeira, coloque o cream cheese, o açúcar, o sal e a farinha. Bata em velocidade média por aproximadamente 1 minuto. Se sua batedeira for planetária, pode escolher entre o batedor de arame e o folha.

2. Quando os ingredientes estiverem bem incorporados, coloque a batedeira em velocidade baixa e adicione os ovos, um a um, esperando que um esteja bem incorporado à mistura antes de colocar o próximo. Vá raspando as laterais da tigela da batedeira de vez em quando.
3. Adicione o iogurte e bata o suficiente para homogeneizar o creme.

### Calda

1. Coloque os ingredientes em uma panela e leve ao fogo baixo. As frutas vão soltar água enquanto cozinham, e depois o líquido vai reduzir e formar a calda; esse processo deve levar cerca de 20 minutos. Sirva morna ou fria.

### Montagem

1. Preaqueça o forno a 160 °C. Leve uma boa quantidade de água para ferver em uma panela.
2. Acomode a fôrma com a massa assada dentro de uma assadeira de laterais altas e coloque o creme sobre a massa.
3. Despeje a água fervente dentro da assadeira, de maneira que o nível da água atinja pelo menos metade da altura da fôrma da torta. Muito cuidado para não deixar cair água dentro da torta.
4. Leve ao forno, em banho-maria, por cerca de 1 hora e 30 minutos ou até o creme estar relativamente firme (não estará líquido, mas também não parecerá um bolo).
5. Passado esse tempo, desligue o forno e deixe a porta aberta, mas mantenha o cheesecake dentro por mais 30 a 45 minutos.
6. Retire a fôrma do banho-maria e remova o papel-alumínio. Passe uma faquinha de lâmina lisa entre a lateral do cheesecake e a da fôrma para se certificar de que não esteja grudado, mas ainda não desenforme.
7. Cubra com filme de PVC e leve à geladeira por, no mínimo, 6 horas.
8. Desenforme e sirva frio ou em temperatura ambiente.

*Usualmente, o cheesecake é servido com uma calda de frutas vermelhas, mas também fica muito bom puro ou com ganache de chocolate (ver página 112).*

# Apple pie
## (Torta de maçã em estilo norte-americano)

*Sabe aquela torta com cara de desenho animado? É esta!*

*A noz-moscada dá um toque especial ao recheio e é o que diferencia esta torta das outras tortas de maçã.*

### Massa flaky

1 colher (sopa) de vinagre (qualquer tipo)

½ xícara de água gelada

200 g de manteiga cortada em cubos (leve 125 g à geladeira e 75 g ao congelador até que os cubos fiquem bem firmes)

2¼ xícaras (280 g) de farinha de trigo

2 colheres (chá) de sal

1 colher (sopa) de açúcar

### Recheio

8 maçãs grandes ou 12 pequenas

1 xícara (200 g) de açúcar

2 colheres (sopa) de farinha de trigo

¼ de colher (chá) de sal

2 colheres (chá) de canela em pó

½ colher (chá) de noz-moscada ralada ou em pó

2 colheres (sopa) de manteiga

leite ou creme de leite para pincelar

### Massa flaky

1. Faça a massa conforme o indicado na página 14 e divida-a em duas partes, uma com ¾ e outra com ¼ do total. Achate com a mão até formar dois discos de tamanhos diferentes. Envolva em filme de PVC e leve à geladeira.

### Recheio

1. Descasque as maçãs, retire o miolo, corte-as em quartos e, depois, em fatias grossas (com cerca de 5 mm). Combine o açúcar, a farinha, o sal e as especiarias e misture às maçãs. Reserve.

### Montagem

1. Preaqueça o forno a 220 °C.
2. Forre uma fôrma de fundo removível e 24 cm de diâmetro com o disco de massa maior, deixando um pouco de massa sobrando nas bordas.
3. Coloque o recheio sobre a massa da fôrma e cubra com a manteiga dividida em pequenos pedaços. Não estranhe se parecer muito recheio e formar uma montanha, é assim mesmo.
4. Se necessário, abra um pouco mais o outro disco de massa, deixando-o com o diâmetro um pouco maior que a parte de cima da torta. Faça cortes nesse disco para funcionarem como chaminés por onde o vapor do recheio sairá. Se quiser fazer uma decoração divertida na torta, em vez de fazer cortes simples, faça alguns recortes com cortadores em formatos de bolinhas, estrelas, corações etc. Coloque esse disco sobre o recheio e pressione sua borda contra a massa que estava sobrando na borda da fôrma para que elas grudem e fechem a torta. Corte os excessos com uma tesoura.
5. Pincele a massa com o leite ou creme de leite.
6. Leve ao forno a 220 °C por 10 minutos, reduza para 180 °C e asse por mais 40 minutos ou até a massa estar bem dourada.
7. Deixe esfriar antes de desenformar e servir.

# Torta de figos

*Esta torta é linda e muito, mas muito gostosa mesmo. O mais legal é que você pode optar por uma versão mais simples, só levando a massa e o recheio para assarem juntos ou, para uma apresentação ainda mais sofisticada, complementar com figos levemente caramelizados. Em ambas você terá um doce de dar água na boca!*

### Massa sucrée

3 xícaras (350 g) de farinha de trigo

175 g de manteiga cortada em pedaços pequenos (gelada se optar pelo método sablage ou em temperatura ambiente, se pelo crémage)

½ xícara (100 g) de açúcar

1 colher (chá) de sal

1 ovo

### Creme de amêndoas e avelãs

100 g de manteiga

½ xícara (100 g) de açúcar

2 ovos

1 xícara (100 g) de farinha de amêndoas

1 xícara (100 g) de farinha de avelãs

2 colheres (sopa) (20 g) de farinha de trigo

2 colheres (sopa) (30 ml) de rum ou cachaça (opcional)

### Cobertura

15 figos frescos maduros, aproximadamente, porém firmes (se optar pela versão mais simples, serão somente 5 figos)

50 g de manteiga

¼ de xícara + 1 colher (sopa) (60 g) de açúcar

2 colheres (sopa) (40 g) de mel

### Massa sucrée

1. Faça a massa conforme indicado na página 16 e, com ela, forre uma fôrma baixa de fundo removível e 24 cm de diâmetro. Leve à geladeira.

### Creme de amêndoas e avelãs

1. Para fazer o creme, bata a manteiga com o açúcar até ficar cremosa. Incorpore o ovo, misturando até ficar um creme homogêneo. Adicione as farinhas e, por fim, se quiser, a bebida alcoólica.

### Montagem e cobertura

1. Preaqueça o forno a 180 °C.
2. Retire a fôrma da geladeira. Espalhe o creme uniformemente sobre a massa da torta. Uma opção é usar um saco de confeitar para fazer essa tarefa.
3. Corte 4 ou 5 figos em rodelas de 1 cm. Disponha as fatias sobre o creme de amêndoas e avelãs, bem juntas uma da outra.
4. Leve a torta ao forno por 45 minutos ou até que a massa fique dourada. Se quiser uma torta mais simples, mas já bem gostosa, pode parar por aqui.
5. Se preferir algo mais sofisticado, enquanto a torta assa, corte os demais figos em quatro ou seis gomos cada. Os gomos não podem ser finos senão eles desmancham facilmente.
6. Em uma frigideira grande, em fogo médio, coloque a manteiga, o açúcar e o mel e deixe caramelizar. Coloque nesse caramelo metade da quantidade dos figos cortados, apoiados de lado, por 1 minuto, e, depois, mais 1 minuto com a casca para baixo. Remova da panela e repita com a outra metade de figos. Reserve.
7. Deixe o caramelo apurar um pouco até ficar com textura de geleia. Reserve.
8. Na torta ainda quente, espalhe o caramelo e, sobre ele, disponha os figos caramelizados.

*Se for mais fácil usar apenas um tipo de farinha de oleaginosa em vez das duas que estão na receita, opte pela farinha de amêndoas, que é mais suave. Como as avelãs têm um sabor mais marcante, usar somente a farinha de avelãs acaba fazendo com que esse creme não combine com os figos.*

# Pumpkin pie (Torta de abóbora)

*Um desejo que tenho na vida é ser convidada para uma comemoração de Ação de Graças na casa de uma família norte-americana. Todo mês de novembro fico passando vontade enquanto acompanho a mídia gastronômica de lá falando dos preparativos para o banquete. Para amenizar, faço esta torta, que é uma das sobremesas mais tradicionais para a ocasião. Melhor seria fazer quando é outono aqui, e as abóboras são mais abundantes.*

## Purê de abóbora

750 g de abóbora sem casca cortada em pedaços – das mais fáceis de encontrar, prefiro moranga ou abóbora seca/de pescoço (de preferência a parte do pescoço, que é menos fiapenta) por serem adocicadas, alaranjadas e de polpa mais carnuda.

## Purê de abóbora

Há duas formas de preparar o purê: em forno convencional ou no micro-ondas. Prefiro o convencional, porque concentra melhor o sabor da abóbora e resulta em um purê de melhor textura.

*No forno:*
1. Preaqueça o forno a 180 °C.
2. Coloque os pedaços de abóbora sobre uma assadeira forrada com papel-manteiga ou tapete de silicone e cubra com papel-alumínio.
3. Leve ao forno por 1 hora a 1 hora e 30 minutos ou até os pedaços estarem completamente macios.
4. Amasse com um garfo ou bata no processador para obter um purê.

*No micro-ondas:*
1. Coloque os pedaços de abóbora em uma tigela de vidro. Cubra com filme de PVC. Fure o filme com um garfo para que parte do vapor consiga escapar.
2. Leve ao micro-ondas em intervalos de 15 minutos, verificando o ponto de cocção. Os pedaços devem ficar completamente macios.
3. Escorra a água que se acumulou no recipiente; para secar bem deixo por 30 minutos.
4. Amasse com um garfo ou bata no processador para obter um purê.

### Massa flaky

1½ xícara (190 g) de farinha de trigo

1½ colher (chá) de sal

2 colheres (chá) de açúcar

135 g de manteiga cortada em cubos (leve 85 g à geladeira e 50 g ao congelador até que os cubos fiquem bem firmes)

1 colher (sopa) de vinagre (qualquer tipo)

½ xícara de água gelada

### Recheio

1 ovo

¼ de xícara (50 g) de açúcar mascavo peneirado

2 colheres (sopa) (30 g) de açúcar

2 colheres (chá) de canela em pó

1 colher (chá) de gengibre em pó

½ colher (chá) de noz-moscada em pó

½ colher (chá) de cravo em pó

½ colher (chá) de cardamomo em pó

½ colher (chá) de sal

1 xícara de purê denso de abóbora

1 xícara (240 ml) de creme de leite fresco

### Massa flaky

1. Faça a massa conforme indicado na página 14 e, com ela, forre uma fôrma de fundo removível e 24 cm de diâmetro. Reserve.

### Recheios

1. Em uma tigela, bata, com um fouet, o ovo, os dois tipos de açúcar, as especiarias e o sal. Adicione o purê e o creme de leite e misture até incorporar tudo.

### Montagem

1. Preaqueça o forno a 220 °C.
2. Coloque o recheio sobre a massa. O recheio é bem líquido, não estranhe. O nível do recheio deverá estar pelo menos 5 mm abaixo da borda da fôrma para não transbordar.
3. Leve a torta ao forno por 40 minutos ou até a massa estar dourada e o recheio com consistência mais firme. Não se surpreenda se o recheio ficar alto no centro. Ele vai murchar no resfriamento da torta.
4. Deixe a torta esfriar completamente antes de fatiar. Se quiser, sirva com chantili (receita na página 164).

# Torta Linzer

*O nome desta torta faz referência à cidade de Linz, na Áustria. Diferentemente da maioria das tortas, aqui a massa é mais do que um suporte para o recheio. Com farinha de amêndoas e especiarias, ela também é estrela do show. Tanto é que podemos usar a mesma massa para fazer biscoitinhos deliciosos!*

### Massa

- 200 g de manteiga em temperatura ambiente
- 1 xícara (120 g) de açúcar de confeiteiro
- 1 ovo
- 2½ xícaras (310 g) de farinha de trigo
- 2 xícaras (250 g) de farinha de amêndoas
- 1 colher (chá) de canela em pó
- ½ colher (chá) de cravo em pó
- ½ colher (chá) de sal

### Recheio

- 350 g de geleia da fruta vermelha de sua preferência

### Massa

1. Na batedeira, bata a manteiga e o açúcar até obter um creme.
2. Adicione o ovo e bata até ficar bem homogêneo.
3. Incorpore, aos poucos, os dois tipos de farinha, as especiarias e o sal até obter uma massa homogênea (caso sua batedeira não seja muito forte, faça esta etapa misturando com uma espátula).
4. Divida a massa em duas partes, uma com ¼ e outra com ¾ do total. Achate com as mãos cada uma dessas partes formando dois discos de tamanhos diferentes. Envolva em filme de pvc e leve à geladeira por, no mínimo, 30 minutos.

**Montagem**

1. Preaqueça o forno a 180 °C.
2. Abra o disco maior, com um rolo, na espessura de aproximadamente 1 cm e, com ele, forre uma fôrma baixa de fundo removível e 24 cm de diâmetro. Pressione a massa contra as paredes da fôrma para que ela fique uniforme. Reserve.
3. Em uma tigela, mexa vigorosamente a geleia para que sua textura fique menos gelatinosa. Coloque sobre a massa reservada, deixando 5 mm abaixo da borda para não transbordar durante o cozimento.
4. Abra a massa menor com um rolo, também com 1 cm de espessura e, com uma faca, corte-a em tiras da largura de um dedo e comprimento um pouco maior que o diâmetro da torta, para poder grudar essas extremidades na massa da borda. Você pode cortá-la também com cortadores de formatos divertidos como corações ou estrelas.
5. Coloque as tiras sobre a torta, primeiro em um sentido e, depois, em outro, para fazer um efeito xadrez, ou faça a arte que desejar com recortes em forma de estrela, coração ou discos.
6. Leve ao forno por 40 minutos ou até que a massa doure e a geleia borbulhe levemente.
7. Aguarde esfriar para desenformar.

*Se quiser, faça minitortinhas como as da foto da página 48, seguindo as instruções da página 167.*

# Crostata alla marmellata

*É a torta mais comum da Itália. Em tamanho tartelette, faz parte do café da manhã ou do lanche das crianças. A frolla é o tipo de massa mais usado nas tortas italianas, e é um pouco mais macia do que as massas francesas.*

### Massa frolla
- ¾ de xícara (150 g) de açúcar
- 150 g de manteiga em temperatura ambiente
- 3 gemas
- 2½ xícaras (310 g) de farinha de trigo
- 1 colher (chá) de sal
- 1½ colher (chá) de fermento em pó

### Recheio
- 300 g de geleia de sua preferência

### Massa frolla

1. Na batedeira, bata o açúcar com a manteiga até obter um creme fofo.
2. Adicione as gemas e bata até incorporar.
3. Junte a farinha, o sal e o fermento e misture até obter uma massa homogênea (caso sua batedeira não seja muito forte, faça esta etapa misturando com uma espátula).
4. Divida a massa em duas partes, uma com ¼ e outra com ¾ do total. Achate com as mãos cada uma dessas partes, formando dois discos de tamanhos diferentes.
5. Envolva em filme de PVC e leve à geladeira por, no mínimo, 30 minutos.

**Montagem**

1. Preaqueça o forno a 180 °C.
2. Abra o disco maior, com um rolo, na espessura de aproximadamente 5 mm e, com ele, forre uma fôrma baixa de fundo removível e 24 cm de diâmetro.
3. Em uma tigela, mexa vigorosamente a geleia para que sua textura fique menos gelatinosa. Coloque sobre a massa.
4. Abra a massa menor com um rolo, também com 5 mm de espessura e, com uma faca, corte-a em tiras da largura de um dedo e comprimento um pouco maior que o diâmetro da torta, para poder grudar essas extremidades na borda da massa.
5. Coloque as tiras sobre a torta, primeiro em um sentido e, depois, em outro, para fazer um efeito xadrez. Leve ao forno por 40 minutos ou até que a massa doure e a geleia borbulhe levemente.
6. Aguarde esfriar para desenformar e servir.

*Outra versão igualmente popular da crostata é com recheio de creme de chocolate com avelã. Você sabe do que eu estou falando, né? Para isso, basta substituir a geleia do recheio por 350 g de creme de chocolate com avelã e 70 g de manteiga. Derreta a manteiga e misture com o creme de chocolate até ficar homogêneo. Use na receita tal como a geleia.*

# Torta flã

*Esta torta é um clássico da confeitaria francesa, mas é pouco conhecida no Brasil. Não entendo bem o motivo, pois tem todos os elementos para ser sucesso: bem docinha, ingredientes fáceis, preparo tranquilo, resultado delicioso. Vale muito a pena tentar em casa!*

### Massa sucrée

- 3 xícaras (350 g) de farinha de trigo
- 175 g de manteiga cortada em pedaços pequenos (gelada se optar pelo método sablage ou em temperatura ambiente, se pelo crémage)
- ½ xícara (100 g) de açúcar
- 1 colher (chá) de sal
- 1 ovo

### Recheio

- 3¾ xícaras (900 ml) de leite
- 1 xícara (240 ml) de creme de leite fresco
- 5 gemas
- 1 ovo
- 1¼ xícara (250 g) de açúcar
- 8 colheres (sopa) (60 g) de amido de milho

### Opcionais para aromatizar o recheio

- 1 fava de baunilha ou ⅓ de semente de cumaru ralada ou 2 colheres (chá) de extrato ou essência de baunilha

### Massa sucrée

1. Faça a massa conforme indicado na página 16 e, com ela, forre uma fôrma alta de fundo removível e 24 cm de diâmetro. Leve à geladeira.

### Recheio

1. Em uma panela, misture o leite e o creme de leite. Leve ao fogo baixo até começar a ferver. Se for usar baunilha em fava, cumaru ralado ou outra especiaria in natura, adicione neste passo. Se usar a fava, retire do leite antes de despejá-lo sobre a mistura de ovos no passo 3.
2. Enquanto isso, bata as gemas, o ovo, o açúcar e o amido em uma tigela refratária.
3. Quando o leite começar a ferver, com uma concha, pegue uma quantidade do líquido e despeje aos poucos sobre a mistura de ovos, batendo sempre. Repita o procedimento duas ou três vezes. Despeje, cuidadosamente, essa mistura de ovos na panela em que o leite está fervendo e mexa vigorosamente com um fouet. A mistura vai espessar rapidamente. Assim que esse creme atingir uma textura de iogurte (mais espessa que leite, porém não tão grossa como um creme de confeiteiro), retire do fogo. Se estiver usando extrato ou essência de baunilha, adicione agora.

## Montagem

1. Preaqueça o forno a 200 °C, com a grade na posição mais baixa disponível.
2. Retire a fôrma da geladeira. Coloque o recheio sobre a massa e leve ao forno por aproximadamente 45 minutos ou até que, ao dar uma leve balançada na fôrma, o creme aparente estar quase firme.
3. Caso ele atinja essa consistência, mas ainda não esteja suficientemente dourado, ligue a função grill do forno (caso tenha, é claro!) por 3 minutos. A aparência deste doce é com o creminho quase queimado em cima, tal qual o pastel de nata. Por mais que isso possa gerar estranheza em um primeiro momento, peço seu voto de confiança para deixar que seu doce chegue a esse ponto. O gostinho da casquinha "queimada" fica perfeito no doce. Para mim, fica com gosto de crème brûlée.
4. Deixe esfriar e leve à geladeira por, pelo menos, 6 horas antes de desenformar e servir.

# Torta flã de chocolate

*Com pequenas alterações, a torta flã da página anterior ganha uma versão deliciosa com chocolate!*

### Massa sucrée
- 3 xícaras (350 g) de farinha de trigo
- 175 g de manteiga cortada em pedaços pequenos (gelada se optar pelo método sablage ou em temperatura ambiente, se pelo crémage)
- ½ xícara (100 g) de açúcar
- 1 colher (chá) de sal
- 1 ovo

### Recheio
- 1 litro de leite
- 4 gemas
- 1 xícara (200 g) de açúcar
- 8 colheres (sopa) (60 g) de amido de milho
- 1 colher (chá) de cacau em pó
- 120 g de chocolate meio amargo ou amargo (entre 50% e 70% de cacau), em gotas ou bem picado

### Massa sucrée
1. Faça a massa conforme indicado na página 16 e, com ela, forre uma fôrma alta de fundo removível e 24 cm de diâmetro. Leve à geladeira.

### Recheio
1. Em uma panela, coloque o leite para ferver.
2. Enquanto isso, em uma tigela, bata as gemas com o açúcar, o amido e o cacau em pó com um fouet.
3. Quando o leite começar a ferver, com uma concha, pegue uma quantidade do líquido e despeje aos poucos sobre a mistura de ovos, batendo sempre. Repita o procedimento duas ou três vezes. Reserve.
4. Retire o restante do leite do fogo. Adicione o chocolate e misture até ele derreter completamente.
5. Despeje, cuidadosamente, a mistura de ovos na panela com o chocolate derretido e mexa vigorosamente com um fouet. Retorne a panela ao fogo baixo e mexa rapidamente sem parar até o creme engrossar, por cerca de 2 minutos.

### Montagem
1. Preaqueça o forno a 200 °C, com a grade na posição mais baixa disponível.
2. Retire a fôrma da geladeira. Coloque o recheio sobre a massa na fôrma e leve ao forno por 40 minutos ou até que, ao dar uma leve balançada na fôrma, o recheio pareça quase firme.
3. Deixe esfriar e leve à geladeira por, pelo menos, 6 horas antes de desenformar.

# Torta de frutas assadas

*Talvez o expoente máximo deste tipo de torta seja a de cerejas, a famosa cherry pie dos norte-americanos. Mas ela também fica deliciosa com inúmeras outras frutas suculentas, carnudas e levemente ácidas como morangos, ameixas frescas e pêssegos.*

### Massa flaky

1 colher (sopa) de vinagre (qualquer tipo)

½ xícara de água gelada

200 g de manteiga cortada em cubos (leve 125 g à geladeira e 75 g ao congelador até que os cubos fiquem bem firmes)

2¼ xícaras (280 g) de farinha de trigo

2 colheres (chá) de sal

1 colher (sopa) açúcar

### Recheio

¾ a 1 xícara (de 150 g a 200 g) de açúcar (vai depender das suas preferências em relação ao dulçor das frutas)

3 colheres (sopa) (22 g) de amido de milho

½ colher (chá) de sal

600 g de frutas frescas de sua preferência picadas em pedaços médios (pense em cubos de cerca de 2 cm)

1 colher (sopa) de suco de limão

2 colheres (sopa) de manteiga fria

leite ou creme de leite para pincelar

açúcar cristal, para acabamento (opcional)

### Massa

1. Faça a massa conforme indicado na página 14 e, com ela, forre uma fôrma de altura média (se não tiver, serve a baixa) de fundo removível e 24 cm de diâmetro. Deixe um pouco de massa sobrando acima das bordas da fôrma. Leve à geladeira. O que restar da massa será para cobrir e decorar, faça uma bola com esse pedaço, envolva em filme de PVC e leve também à geladeira.

### Recheio

1. Em uma tigela, misture o açúcar, o amido e o sal, coloque sobre as frutas já picadas e mexa com uma colher para misturar tudo bem. Lembre-se de experimentar para verificar o dulçor das frutas e dosar a quantidade de açúcar de acordo com seu paladar. Adicione o suco de limão e deixe descansando por 10 a 15 minutos. Não deixe passar disso para evitar que as fruta soltem água em excesso antes da cocção.

### Montagem

1. Preaqueça o forno a 220 °C.
2. Retire a fôrma da geladeira. Coloque o recheio sobre a massa e distribua pedacinhos de manteiga por cima.
3. Abra o outro pedaço de massa restante que estava na geladeira e corte um disco com diâmetro 2 cm maior que o da fôrma (neste caso, com 28 cm de diâmetro). Com uma faca ou cortador faça pequenos cortes nessa massa, será importante para sair o vapor do recheio. Cubra a torta já recheada com essa tampa feita de massa. Pressione a borda da massa da tampa com a borda da base para colar uma na outra. Corte os excessos com tesoura.
4. Pincele a torta com leite ou creme de leite e polvilhe com o açúcar cristal.
5. Leve ao forno a 220 °C por 15 minutos e, depois, reduza a temperatura para 180 °C por mais 40 minutos aproximadamente ou até a massa estar bem dourada.
6. Retire do forno e deixe a torta esfriar antes de desenformar e servir.

*Você também pode cobrir essa torta com uma treliça de massa (veja como fazer na página 158).*

# Tarte tatin

*Esta era, para mim, uma daquelas receitas amedrontadoras. Tinha realmente pavor de fazer. Parecia tão complexa, quase inatingível. Mas, por sorte, eu estava bem errada. É uma torta bem tranquila de ser feita e com um resultado fantástico. Tem coisa melhor?*

*Algumas receitas de tarte tatin são feitas com massa folhada. Não há consenso. Eu prefiro a massa sucrée mesmo: dá para fazer em casa e eu acho que a crocância combina bem com a maciez das maçãs.*

*Existem dois métodos de preparação desta torta: o direto e o indireto. O mais tradicional é o primeiro, no qual as maçãs são cozidas em uma frigideira, lá mesmo são cobertas pela massa e vão direto ao forno nesse mesmo recipiente. O segundo é o que eu trouxe aqui: as maçãs são cozidas em uma panela e, depois, transferidas para uma fôrma caramelizada, onde receberão a massa por cima. Eu optei por esse método indireto considerando que muita gente não tem frigideira que possa ser levada ao forno. Assim, fica mais democrático.*

### Massa sucrée

3 xícaras (350 g) de farinha de trigo

175 g de manteiga cortada em pedaços pequenos (gelada se optar pelo método sablage ou em temperatura ambiente, se pelo crémage)

½ xícara (100 g) de açúcar

1 colher (chá) de sal

1 ovo

### Recheio

10 maçãs médias descascadas e cortadas em quatro partes

2 xícaras (400 g) de açúcar

2 xícaras de água fervente

200 g de manteiga

### Massa sucrée

1. Faça a massa conforme indicado na página 16 e leve-a à geladeira por, pelo menos, 30 minutos.

2. Retire a massa da geladeira. Abra em espessura de aproximadamente 5 mm e corte um disco cerca de 4 cm maior do que o diâmetro da sua fôrma. Esta receita é para um recipiente de 24 cm de diâmetro, então, o disco deverá ter cerca de 28 cm. Cubra com filme de PVC e volte à geladeira.

### Recheio

1. Antes de começar, coloque as maçãs ainda cruas dentro da fôrma para saber se a quantidade será suficiente para cobrir todo o fundo; se não, corte mais maçãs.

2. Escolha uma panela na qual os pedaços de maçã vão caber sem ficar muito empilhados. Coloque o açúcar nessa panela e leve ao fogo. Não mexa até ele estar derretendo e começando a corar. Quando

formar um caramelo de tom âmbar, despeje cerca de metade dele sobre a fôrma e movimente-a de modo que o caramelo recubra todo o fundo, como se faz com pudim. Reserve.

3   Na panela em que ficou o restante do caramelo, adicione a água fervente e a manteiga. Mexa para tentar desgrudar um pouco o açúcar da panela. Não vai sair tudo de uma vez. Não tem problema. Mexa só um pouco. Adicione as maçãs cortadas e cozinhe com a panela entreaberta por aproximadamente 10 minutos. As maçãs deverão ficar levemente cozidas, mas ainda bem firmes. Com uma escumadeira ou peneira, retire as maçãs do líquido. Não jogue o líquido fora!

## Montagem

1   Preaqueça o forno a 180 °C.
2   Disponha os pedaços de fruta cozida na fôrma caramelada formando círculos concêntricos, sem deixar nenhum espaço entre eles. Se preciso, force para o fundo da fôrma ficar totalmente coberto de maçã.
3   Retire o disco de massa da geladeira. Retire o filme de PVC de somente um dos lados do disco, mantendo o outro no filme para facilitar seu trabalho. Posicione a massa bem centralizada sobre a fôrma, com o lado do filme de PVC para cima e o lado descoberto tocando as frutas. Se errar e precisar ajeitar, é mais fácil com o filme. Quando estiver tudo certo, remova o restante do filme. Com a ponta de uma faca, corte um pequeno X no centro da massa. Será a chaminé.
4   Leve ao forno por aproximadamente 40 minutos até a massa estar bem dourada.
5   Deixe esfriar e desenforme morna virando a fôrma sobre um prato, de modo que a massa ficará por baixo e o recheio por cima.
6   Enquanto a torta assa, aproveite para deixar o líquido da cocção das maçãs com o caramelo reduzir um pouco. Depois, bata no liquidificador ou com um mixer de mão para ficar tudo bem incorporado. Você terá uma calda de caramelo de maçã que faz a vida valer a pena. Pode usar para servir com a torta ou guardar para outro uso. É muito boa!

# Pastiera di grano

*Este é um dos doces mais típicos da região de Nápoles, na Itália.*

*Tradicionalmente, não pode faltar na mesa do almoço do domingo de Páscoa, mas pode ser encontrado o ano inteiro nas confeitarias da cidade.*

*Na receita original, a ricota utilizada é a de leite de ovelha, um produto que não encontramos por aqui. Por isso, vamos usar a ricota de leite de vaca mesmo.*

*Embora seu preparo seja longo e cheio de etapas, não tem nada de difícil ou complexo.*

## UM POUCO DE HISTÓRIA

A pastiera simboliza um ritual do antigo povo que habitava Nápoles na era romana.

Naquela época, acreditava-se que, no mar da cidade, morava uma sereia, uma espécie de divindade, chamada Parthenope.

Diz a lenda que, todos os anos, no início da primavera no hemisfério norte (que no calendário moderno coincide com a época da Páscoa) era feito um ritual de agradecimento à sereia. Nesse ritual, as sete jovens mais belas da cidade lhe ofereciam farinha de trigo, como símbolo da abundância dos campos; ricota, pela abundância dos pastos; ovo e grãos, representando a vida que se renova; especiarias, como acolhimento e calor; água de flor de laranjeira, para perfumar; e açúcar simbolizando a doçura.

Com o passar dos anos, as oferendas viraram o doce e as tiras dispostas em cima dele simbolizam as sete oferendas.

Outra história muito difundida é que a rainha Maria Carolina da Áustria, casada com Ferdinando II, rei das duas Sicílias (que incluía Nápoles), conhecida como a rainha que não sorria nunca, convencida pelo marido a provar uma fatia de pastiera nas festividades de Páscoa, sorriu após degustar o doce.

*Capriche na escolha das frutas cristalizadas! Tente achar uma bem feita, que não seja amarga, de preferência sem corantes. Eu costumo usar só laranja ou, então, misturar com limão ou cidra. (Nada de usar aqueles cubinhos coloridos feitos de sei lá o quê!) Embora muito comum e presente em quase todas as pastieras, esse ingrediente é uma adição "moderna" ao doce. Se não quiser colocar, pode omiti-lo, não será nenhum sacrilégio.*

### Pré-preparo do trigo

1 xícara (200 g) de trigo em grãos (cru, antes de ficar de molho)

### Massa frolla

2½ xícaras (315 g) de farinha de trigo

¾ de xícara (150 g) de açúcar

150 g de manteiga em temperatura ambiente

3 gemas

1 colher (chá) de sal

1½ colher (chá) de fermento em pó

### Recheio

1⅓ xícara (300 ml) de leite

2 colheres (sopa) (30 g) de manteiga

400 g de ricota fresca

2 ovos

2 gemas

1½ xícara (300 g) de açúcar

1 colher (chá) de canela em pó

raspas da casca de um limão siciliano

2 colheres (sopa) de água de flor de laranjeira (facilmente encontrada em lojas de produtos árabes)

100 g de frutas cristalizadas picadas

### Pré-preparo do trigo

1. Coloque o trigo em uma tigela e cubra com água de maneira que sobre um ou dois dedos de líquido acima do nível do grão. Troque a água duas vezes ao dia por, no mínimo, 3 dias, mantendo em geladeira.
2. Passados esses dias, escorra o trigo e coloque em uma panela com bastante água e uma pitadinha de sal. Tampe e cozinhe em fogo médio por cerca de 1 hora e 30 minutos depois de iniciar fervura. Os grãos devem ficar bem, mas bem macios. Uma forma de saber se estão no ponto é observar a aparência do trigo. O grão tem uma emendinha na casca, essa emenda deve estar bem aberta, expondo o miolo branco. Todos os grãos devem estar assim.
3. Se estiver com pressa (se bem que esta receita não é muito para apressados), pode cozinhar o grão em panela de pressão. O tempo de cocção é de aproximadamente 45 minutos após a panela pegar pressão. Ao final desse cozimento, é importante observar se os grãos estão abertos como foi explicado. Se não, volte a cozinhar mais.
4. Se quiser, pode interromper o preparo aqui, guardar o trigo pré-cozido na geladeira e retomar no dia seguinte.

### Massa frolla

1. Enquanto o trigo cozinha, aproveite para fazer a massa frolla. Siga as instruções indicadas na receita Crostata alla marmellata (página 50).
2. Divida a massa em duas partes, uma com ¾ e outra com ¼ do total. Achate com a mão até formar dois discos de tamanhos diferentes. Envolva em filme de PVC e leve à geladeira por, no mínimo, 1 hora. Tal como o trigo, a massa também pode ficar armazenada de um dia para o outro.

3   Depois do descanso na geladeira, abra o disco maior, com um rolo, na espessura de aproximadamente 5 mm e, com ele, forre uma fôrma média de fundo removível e 24 cm de diâmetro. Depois de pronto o recheio, abra a massa menor com um rolo, também com 5 mm de espessura e, com uma faca, corte-a em sete tiras da largura de um dedo e comprimento um pouco maior que o diâmetro da torta, para poder grudar essas extremidades na massa da borda.

### Recheio

1   Coloque o trigo pré-cozido em uma panela com o leite e a manteiga e cozinhe em fogo baixo, mexendo quando necessário. Se quiser, adicione a casca de uma laranja, em pedaços grandes e fáceis de remover depois. Depois de cozido, o trigo deve lembrar um risoto bem cremoso, tanto na aparência, quanto na textura. Retire da panela e reserve.
2   Amasse bem a ricota ou bata-a no processador para que fique cremosa e, se possível, sem grumos. Misture com o trigo cozido.
3   Bata, com um fouet ou batedeira, os ovos, as gemas, o açúcar, a canela, as raspas de limão e a água de flor de laranjeira até obter um creme grosso e bem pálido. Incorpore esse creme à mistura de ricota e trigo.
4   Adicione as frutas cristalizadas.

### Montagem

1   Preaqueça o forno a 180 °C.
2   Coloque o recheio sobre a massa da fôrma.
3   Pegue as sete tiras de massa e coloque quatro em um sentido e as demais cruzando as primeiras na diagonal, formando losangos e não quadrados. Pressione as extremidades das tiras contra a massa da borda da fôrma para colá-las. Corte os excessos.
4   Leve ao forno por aproximadamente 1 hora ou até a massa estar dourada e o recheio marrom de tão dourado. Uma comparação interessante que li uma vez foi que o recheio deve estar da cor da casca do grão de trigo. Achei a referência boa.
5   Retire a torta do forno, deixe esfriar e cubra com um pano de prato limpo. O ideal é que a pastiera não seja consumida no dia do preparo. Devem se passar, no mínimo, 24 horas (o ideal são 72 horas!), para que os sabores do recheio se combinem. Pelo menos é isso que diz a tradição. Falei que era uma receita para fazer sem pressa, né?
6   Se quiser, polvilhe com açúcar de confeiteiro antes de servir.

# Torta japonesa de frutas (Japanese fruit pie)

*Não se deixe levar pelo nome: esta torta é americaníssima e ninguém sabe ao certo o porquê de ser chamada assim. Mas discussões à parte, eis uma torta que vale a pena ser feita: fácil e deliciosa, daquelas que agradam a um amplo espectro de paladares.*

### Massa flaky

1 colher (sopa) de vinagre (qualquer tipo)

½ xícara de água gelada

135 g de manteiga cortada em cubos, (leve 85 g à geladeira e 50 g ao congelador até que os cubos fiquem bem firmes)

1½ xícara (190 g) de farinha de trigo

1½ colher (chá) de sal

2 colheres (chá) de açúcar

### Recheio

2 ovos

¾ de xícara (150 g) de açúcar

100 g de manteiga derretida

1 colher (sopa) de vinagre branco

⅔ de xícara (85 g) de nozes picadas (pecã ou tradicional)

⅔ de xícara (70 g) de coco ralado (fresco ou seco)

⅔ de xícara (100 g) de uvas-passas, de preferência claras

### Massa flaky

1. Faça a massa conforme indicado na página 14 e, com ela, forre uma fôrma baixa de fundo removível e 24 cm de diâmetro. Reserve.

### Recheio

1. Em uma tigela, bata os ovos, o açúcar, a manteiga e o vinagre com um fouet até obter um creme homogêneo.
2. Misture os outros ingredientes nesse creme.

### Montagem

1. Preaqueça o forno a 180 °C.
2. Coloque o recheio sobre a massa.
3. Leve ao forno por aproximadamente 40 minutos ou até a massa e o recheio estarem dourados.

*Se você for chocólatra, gotas de chocolate amargo ou meio amargo caem muito bem na receita. Coloque ½ xícara no recheio.*

# Torta de nozes com especiarias

*Sabe aquela sobremesa elegante, clássica, gostosa e simples de fazer? É esta torta aqui. A textura das nozes picadas, combinada com a umidade do recheio e a crocância delicada da massa, além do toque da canela, a tornam uma festa para os sentidos.*

### Massa sucrée

- 3 xícaras (350 g) de farinha de trigo
- 175 g de manteiga cortada em pedaços pequenos (gelada se optar pelo método sablage ou em temperatura ambiente, se pelo crémage)
- ½ xícara (100 g) de açúcar
- 1 colher (chá) de sal
- 1 ovo

### Recheio

- 100 g de manteiga
- 2 ovos
- ½ xícara (100 g) de açúcar
- 1½ colher (chá) de canela em pó
- ½ colher (chá) de cravo em pó
- 1 xícara (150 g) de nozes levemente tostadas picadas grosseiramente
- 1 xícara (100 g) de amêndoas levemente tostadas picadas grosseiramente

### Massa sucrée

1. Faça a massa conforme indicado na página 16 e, com ela, forre uma fôrma baixa de fundo removível e 24 cm de diâmetro. Reserve.

### Recheio

1. Derreta a manteiga até ficar em estado líquido. Deixe esfriar um pouco e misture os ovos, o açúcar e as especiarias, mexendo com um fouet até obter um creme liso e homogêneo. Adicione as nozes e as amêndoas picadas.

### Montagem

1. Preaqueça o forno a 180 °C.
2. Coloque o recheio sobre a massa, deixando, no mínimo, 5 mm de borda para que o recheio possa crescer sem transbordar.
3. Leve ao forno por 45 minutos ou até dourar.
4. Espere amornar ou esfriar para desenformar.
5. Sirva em temperatura ambiente ou morna.

*Sirva com um bom sorvete de creme ou baunilha, fica uma delícia!*

# Crostata di mele e crema
## (Torta de maçã com creme, em estilo italiano)

*Esta torta de maçã é um pouco diferente do que estamos acostumados a encontrar por aqui, mas é muito comum na Itália. A combinação da maçã, levemente ácida, com a untuosidade do creme é deliciosa e vale a pena.*

### Massa frolla

¾ de xícara (150 g) de açúcar

150 g de manteiga em temperatura ambiente

3 gemas

2½ xícaras (315 g) de farinha de trigo

1 colher (chá) de sal

1½ colher (chá) de fermento em pó

### Creme de confeiteiro

2 xícaras + 2 colheres (sopa) (500 ml) de leite

1 ovo

4 gemas

¾ de xícara (150 g) de açúcar

6 colheres (sopa) (45 g) de amido de milho

### Cobertura

4 maçãs grandes ou 6 pequenas

suco de 1 limão


açúcar cristal e de confeiteiro para polvilhar

## Massa frolla

1. Faça a massa conforme indicado na página 50 e, com ela, forre uma fôrma de fundo removível e 24 cm de diâmetro. Leve à geladeira.

## Creme de confeiteiro

1. Em uma panela, leve o leite ao fogo baixo até começar a ferver.
2. Enquanto isso, em uma tigela, bata, com um fouet, o ovo e as gemas com o açúcar e o amido de milho.
3. Quando o leite começar a ferver, com uma concha, pegue uma quantidade do líquido e despeje aos poucos sobre a mistura de ovos, batendo sempre. Repita o procedimento duas ou três vezes. Despeje, cuidadosamente, essa mistura de ovos na panela em que o leite está fervendo e mexa vigorosamente com um fouet, em fogo baixo, até o creme engrossar um pouco, cerca de 1 a 2 minutos. Vamos interromper a cocção antes de chegar ao ponto usual do creme de confeiteiro, pois esse creme vai ao forno ainda.
4. Passe o creme para uma tigela para esfriar um pouco e cubra com filme de PVC deixando-o em contato direto com a superfície do creme para não formar uma película parecida com uma nata. Reserve.

## Cobertura

1. Descasque as maçãs, retire o miolo, corte-as em quartos e, depois, em fatias grossas (com cerca de 5 mm). Coloque o suco de limão sobre os pedaços de maçã para evitar que escureçam.

## Montagem

1. Preaqueça o forno a 180 °C.
2. Quando o creme estiver morno ou em temperatura ambiente, coloque sobre a massa.
3. Disponha as maçãs em leque sobre o creme e polvilhe-as com um pouco de açúcar cristal.
4. Asse a torta por 45 minutos, aproximadamente, ou até a massa estar bem dourada e as maçãs, cozidas.
5. Deixe a torta esfriar antes de desenformar e servir.
6. Se quiser, pouvilhe com açúcar de confeiteiro no momento de servir.

# Torta bourdaloue
## (Torta de pera e amêndoas)

*Provei esta torta pela primeira vez no meu aniversário de 15 anos e me apaixonei, mas nem imaginava que um dia iria fazê-la. Aprendi a receita no curso de confeitaria básica e ela acabou se tornando a minha torta oficial. Fazia sempre. Hoje já vario mais o cardápio, mas sigo amando esta receita.*

### Massa sucrée

3 xícaras (350 g) de farinha de trigo

175 g de manteiga cortada em pedaços pequenos (gelada se optar pelo método sablage ou em temperatura ambiente, se pelo crémage)

½ xícara (100 g) de açúcar

1 colher (chá) de sal

1 ovo

### Recheio

3 peras williams

1 litro de água

300 g de açúcar

### Creme de amêndoas

100 g de manteiga em temperatura ambiente

½ xícara (100 g) de açúcar

2 ovos

1 xícara (100 g) de farinha de amêndoas

2 colheres (sopa) de licor de amêndoas ou rum

amêndoas laminadas para acabamento

### Massa sucrée

1. Faça a massa conforme indicado na página 16 e, com ela, forre uma fôrma baixa de fundo removível e 24 cm de diâmetro. Leve à geladeira.

### Recheio

1. Descasque as peras, corte-as na metade e coloque em uma panela com a água e o açúcar. Cozinhe por 10 minutos ou até estarem macias, mas sem desmanchar.
2. Com uma escumadeira, retire as frutas da água e deixe o líquido reduzir até virar uma calda com textura de mel.
3. Depois que as peras amornarem, retire o miolo e leve a uma tábua com a parte cortada apoiada na superfície da tábua. Corte as peras em fatias finas (5 mm de espessura) como se estivesse fazendo rodelas e não no sentido do comprimento. Faça isso sem desmontar a fruta, ou seja, não deixe que as fatias se espalhem pela tábua.
4. Retire as fatias das duas pontas de cada metade e descarte-as. Apoie delicadamente a mão sobre a fruta fatiada e faça uma leve pressão deslizando as fatias para baixo, de forma a tombá-las levemente e formar uma escadinha. Repita para todas as metades e reserve.

### Creme de amêndoas

1. Em uma tigela, bata, com um fouet, a manteiga e o açúcar até obter um creme homogêneo. Junte o ovo e bata para incorporar.
2. Adicione a farinha de amêndoas e o licor e misture bem.

### Montagem

1. Preaqueça o forno a 180 °C.
2. Retire a fôrma da geladeira. Coloque o creme de amêndoas sobre a massa, em uma camada uniforme.
3. Com uma espátula, apanhe delicadamente cada metade de pera e apoie sobre o creme, deixando a parte mais afilada de cada metade da fruta próxima ao centro da torta, parecendo as pétalas de uma flor, como na foto da página 73.
4. Polvilhe as amêndoas laminadas nas partes de creme que não foram cobertas com a fruta.
5. Leve ao forno por 45 minutos ou até massa e recheio estarem dourados.
6. Depois de a torta assada, pincele as peras com a calda de seu cozimento.
7. Deixe esfriar para desenformar e servir.

# Pecan pie (Torta de noz-pecã)

*Esta torta é uma das mais clássicas da confeitaria norte-americana e, assim como a de abóbora, também é presença obrigatória nas mesas do feriado de Ação de Graças. Por ser um país muito extenso, com hábitos e climas diferentes, a receita também muda um pouco dependendo da localização. Na região produtora de milho, usa-se xarope de glucose. No norte, quase fronteira com o Canadá, xarope de bordo (maple syrup). Adaptei minha receita usando mel. Sou suspeita para falar, mas acho deliciosa!*

### Massa flaky

- 1 colher (sopa) de vinagre
- ½ xícara de água gelada
- 135 g de manteiga cortada em cubos (leve 85 g à geladeira e 50 g ao congelador até que os cubos fiquem bem firmes)
- 1½ xícara (190 g) de farinha de trigo
- 1½ colher (chá) de sal
- 2 colheres (chá) de açúcar

### Recheio

- 2 colheres (sopa) de mel
- 1 xícara (200 g) de açúcar mascavo
- 100 g de manteiga
- 2 ovos
- 1 colher (sopa) de farinha de trigo
- ½ colher (chá) de sal
- 1⅓ xícara (170 g) de nozes- -pecãs picadas

nozes-pecãs inteiras e bonitas para decorar (opcional)

### Massa flaky

1. Faça a massa conforme indicado na página 14 e, com ela, forre uma fôrma baixa de fundo removível e 24 cm de diâmetro. Leve à geladeira.

### Recheio

1. Em uma panela, aqueça o mel com o açúcar mascavo e a manteiga até o açúcar ficar derretido.
2. Bata os ovos, com a batedeira ou manualmente, até começar a virar um creme encorpado.
3. Adicione, ainda com a batedeira ligada ou mexendo vigorosamente com um fouet, a calda de açúcar.
4. Junte a farinha e o sal. Incorpore as nozes picadas e misture.

### Montagem

1. Preaqueça o forno a 200 °C.
2. Retire a fôrma da geladeira. Coloque o recheio sobre a massa. Se quiser, decore a superfície do recheio com as pecãs inteiras.
3. Leve ao forno a 200 °C por 10 minutos e, depois, reduza a temperatura para 170 °C assando por mais 30 minutos ou até a massa estar dourada.
4. Deixe amornar ou esfriar completamente antes de desenformar e servir.

# Torta de compota de maçã

*Esta torta tem um significado especial para mim. Quando decidi me profissionalizar como confeiteira, fui estudar. Em meu primeiro curso, de confeitaria básica, eu era a única da turma sem experiência profissional na área. Esta foi a primeira torta que fizemos. Nunca vou esquecer o que senti ao observar meus colegas já no meio do preparo do recheio e eu ainda descascando as minhas maçãs, com as mãos já todas machucadas, pois não tinha tanta habilidade com faca (o que piorava tentando ser rápida para alcançar os colegas). Que nervoso! Lembro de pensar "o que estou fazendo aqui? Não nasci pra isso!" Essa cena ficou famosa na minha família, ganhei descascadores de maçã de presente e tudo!*

*Acelerando o filminho da minha vida cerca de dez anos depois, estou aqui, contando essa história para você no meu livro! Acho que valeu a pena não desistir.*

## Massa sucrée

3 xícaras (350 g) de farinha de trigo

175 g de manteiga cortada em pedaços pequenos (gelada se optar pelo método sablage ou em temperatura ambiente, se pelo crémage)

½ xícara (100 g) de açúcar

1 colher (chá) de sal

1 ovo

## Recheio

5 maçãs grandes

2 colheres (sopa) de açúcar

1 colher (sopa) de manteiga

1 limão

¼ de xícara de geleia de damasco (opcional)

### Massa sucrée

1. Faça a massa conforme indicado na página 16 e, com ela, forre uma fôrma baixa de fundo removível e 24 cm de diâmetro. Leve à geladeira.

### Recheio

1. Descasque 3 maçãs, retire o miolo e corte em cubos pequenos. Coloque-as em uma panela com o açúcar, a manteiga e 1 colher (sopa) de suco do limão. Tampe a panela e cozinhe em fogo baixo por 10 minutos. Destampe e prossiga a cocção por mais 5 minutos, para secar um pouco. Retire do fogo e reserve.
2. Corte as maçãs restantes ao meio (pode ser com casca mesmo) para retirar o miolo e fatie em lâminas finas. Misture com um pouco do suco de limão restante para não escurecer.

### Montagem

1. Preaqueça o forno a 200 °C.
2. Retire a fôrma da geladeira. Coloque a compota de maçã sobre a massa e cubra com as lâminas de maçã, dispostas em leque, como na foto da página 80.
3. Leve ao forno por cerca de 40 minutos ou até a massa dourar.
4. Se quiser usar a geleia de damasco, passe-a por uma peneira, aqueça em banho-maria ou em micro-ondas e pincele sobre a torta já assada para dar um acabamento brilhante.
5. Aguarde esfriar para desenformar e servir.

# Appeltaart (Torta holandesa de maçã)

*Sendo muito sincera, eu desconhecia esta torta até iniciar as pesquisas para este livro. Mas achei tantas e tantas referências aclamando-a que testei e achei que valia a pena incluí-la.*

*Acho curioso o modo como os holandeses forram a fôrma sem abrir a massa com o rolo, mas pressionando pequenos pedaços de massa na assadeira. Outra diferença para as tortas que já conhecia é a maneira de cortar a maçã em pedaços bem grandes, que trazem uma textura mais carnuda.*

## Massa

3 xícaras (375 g) de farinha de trigo

1 xícara (200 g) de açúcar

1 colher (chá) de sal

1 colher (sopa) de fermento em pó

1 ovo

200 g de manteiga em temperatura ambiente

## Recheio

1,5 kg de maçãs (pesadas inteiras)

1 limão

½ xícara (100 g) de açúcar

3 colheres (chá) de canela em pó

½ xícara (80 g) de uvas-passas


2 colheres (sopa) de farinha de rosca

### Massa

1. Em uma tigela, misture a farinha, o açúcar, o sal e o fermento.
2. Em outro recipiente, quebre o ovo e bata com um garfo para misturar clara e gema. Retire uma colherada e reserve, em outro recipiente, para pincelar a torta.
3. Coloque o restante do ovo e a manteiga em pedaços no meio da mistura de farinha e comece a trabalhar a massa, primeiro, com uma espátula e, depois, com as mãos até obter uma massa compacta e homogênea.
4. Divida a massa em duas partes. Forme um disco com uma delas, embrulhe em filme de PVC e leve à geladeira.
5. Divida a outra parte da massa em pequenos pedaços e pressione-os no fundo e nas laterais da fôrma, juntando-os, de maneira a forrar a fôrma completamente com uma camada relativamente fina de massa.

### Recheio

1. Descasque as maçãs, retire o miolo e corte-as em cubos grandes. Misture com o suco do limão, o açúcar, a canela e as passas.

### Montagem

1. Preaqueça o forno a 200 °C.
2. Espalhe a farinha de rosca sobre a massa no fundo da fôrma e coloque as maçãs sobre ela.
3. Retire a outra massa da geladeira, abra com um rolo a uma espessura de 5 mm e corte em tiras largas, de aproximadamente 3 cm. Disponha metade delas sobre a torta na horizontal, deixando um espaço entre elas; depois, disponha as tiras restantes na vertical, formando um quadriculado como na foto da página 81.
4. Misture a porção de ovo separada no início do preparo com 2 colheres (sopa) de água e pincele sobre a massa.
5. Leve ao forno a 200 °C por 10 minutos, depois, reduza a temperatura para 180 °C e asse por mais 40 a 50 minutos ou até a superfície estar bem dourada.
6. Aguarde a torta esfriar um pouco para desenformar.
7. Sirva morna e, se quiser, acompanhe com chantili (veja receita na página 164).

# Torta de batata-doce

*Esta torta é uma sobremesa muito comum nos Estados Unidos. Lá, a batata-doce é alaranjada, um tipo não muito comum por aqui. Com a batata-doce que costumamos usar no Brasil, esta torta fica gostosa, mas a cor não é a mais bonita. Usando a roxa, com certeza, vai chamar mais atenção. Uma boa época para fazê-la, e variar os doces tradicionais, é a das festas juninas!*

### Massa flaky

- 1 colher (sopa) de vinagre (qualquer tipo)
- ½ xícara (120 ml) de água gelada
- 135 g de manteiga cortada em cubos (leve 85 g à geladeira e 50 g ao congelador até que os cubos fiquem bem firmes)
- 1½ xícara (190 g) de farinha de trigo
- 1½ colher (chá) de sal
- 2 colheres (chá) de açúcar

### Recheio

- 500 g de batata-doce cozida (recomendo a roxa, pela cor!)
- 2 ovos
- 100 g de manteiga em temperatura ambiente (textura de pomada)
- 1 xícara (200 g) de açúcar
- ½ xícara (120 ml) de leite
- 1 colher (chá) de canela em pó
- ½ colher (chá) de noz-moscada em pó
- uma pitada de sal

### Massa flaky

1. Faça a massa conforme indicado na página 14 e, com ela, forre uma fôrma baixa de fundo removível e 24 cm de diâmetro.

### Recheio

1. Leve todos os ingredientes do recheio a um processador ou ao liquidificador e bata até obter um creme liso e homogêneo.

### Montagem

1. Preaqueça o forno a 180 °C.
2. Coloque o recheio sobre a massa. Alise bem o creme e bata levemente a fôrma sobre a bancada para que o recheio fique bem assentado sobre a massa.
3. Asse por aproximadamente 50 minutos, até o recheio parecer firme no centro da torta.
4. Retire do forno e deixe esfriar completamente para servir.
5. Se quiser, sirva com chantili (receita na página 164).

# Assando tudo separado

Nas receitas a seguir, a massa é assada sem recheio até ficar dourada e crocante. O recheio, geralmente já cozido, vem depois. Um pouco mais trabalhosas? Sim. Valem a pena? Muito!

# Tarte au citron
## (Torta de limão ao estilo francês)

*Esta torta de recheio amarelinho é uma das mais clássicas da confeitaria. Feita com limão-siciliano, menos ácido do que o nosso tahiti, fica fresca e deliciosa.*

### Massa sucrée

- 3 xícaras (350 g) de farinha de trigo
- 175 g de manteiga cortada em pedaços pequenos (gelada se optar pelo método sablage ou em temperatura ambiente, se pelo crémage)
- ½ xícara (100 g) de açúcar
- 1 colher (chá) de sal
- 1 ovo

### Recheio

- 3 limões-sicilianos (suco e raspas da casca)
- ⅔ de xícara (150 g) de água
- 1¼ xícara (250 g) de açúcar
- 4 gemas
- 6 colheres (sopa) (45 g) de amido de milho
- 25 g de manteiga

### Merengue suíço

- 4 claras (140 g)
- 1¼ xícara (250 g) de açúcar

### Massa sucrée

1. Faça a massa conforme indicado na página 16 e, com ela, forre uma fôrma baixa de fundo removível e 24 cm de diâmetro. Asse de acordo com as instruções da página 22.

### Recheio

1. Leve ao fogo o suco e as raspas de limão, a água e metade do açúcar até ferver. Enquanto isso, bata as gemas com a outra metade do açúcar e o amido usando um fouet até formar um creme homogêneo. Com uma concha, pegue um pouco do líquido fervente e despeje sobre as gemas batidas e continue batendo. Repita mais duas ou três vezes. Despeje essa mistura de gemas na panela e mexa com um fouet, em fogo médio, até formar um creme.
2. Retire a panela do fogo, adicione a manteiga e siga mexendo até o creme amornar.

### Montagem

1. Coloque o recheio sobre a massa assada e já fria. Cubra com filme de PVC, de modo que ele fique em contato direto com a superfície do creme, para evitar a formação de uma película parecida com uma nata. Leve à geladeira.
2. Prepare o merengue suíço (ver página 162).
3. Retire o plástico da torta e decore com o merengue (ver página 169). No lugar do merengue, você pode usar frutas frescas (as vermelhas ficam ótimas!). Ou ainda, combine as duas coisas: frutas e merengue!

# Torta de frutas frescas

*Esta é aquela torta linda e colorida, que se destaca na mesa. Um clássico!*

### Massa sucrée

3 xícaras (350 g) de farinha de trigo
175 g de manteiga cortada em pedaços pequenos (gelada se optar pelo método sablage ou em temperatura ambiente, se pelo crémage)
½ xícara (100 g) de açúcar
1 colher (chá) de sal
1 ovo

### Creme de confeiteiro

2 xícaras + 2 colheres (sopa) (500 ml) de leite
baunilha (em fava, essência ou pasta) ou outra especiaria
1 ovo
4 gemas
¾ de xícara (150 g) de açúcar
6 colheres (sopa) (45 g) de amido de milho

### Cobertura

frutas frescas de sua preferência (morango, manga, uvas, mirtilo, ameixa, kiwi, framboesa, amora)

### Massa sucrée

1. Faça a massa conforme indicado na página 16 e, com ela, forre uma fôrma baixa de fundo removível e 24 cm de diâmetro. Asse-a por completo de acordo com as instruções da página 22.

### Creme de confeiteiro

1. Em uma panela, leve o leite ao fogo baixo. Se estiver usando a baunilha em fava, com uma faca, corte-a ao meio no sentido do comprimento, raspe as sementes sobre o leite e acrescente o restante da fava à panela. Se estiver usando cumaru, rale um pouco da semente sobre o leite; recomendo ½ colher (chá), mas faça do seu gosto, mais forte ou suave.
2. Enquanto isso, em uma tigela, bata, com um fouet, o ovo e as gemas com o açúcar e o amido de milho.
3. Quando o leite começar a ferver, com uma concha, pegue uma quantidade do líquido e despeje aos poucos sobre a mistura de ovos, batendo sempre. Repita o procedimento duas ou três vezes. Despeje, cuidadosamente, essa mistura de ovos na panela em que o leite está fervendo e mexa vigorosamente com um fouet, em fogo baixo, até obter um creme homogêneo, o que acontece em cerca de 3 ou 4 minutos.
4. Coloque o creme em uma tigela, retire a fava de baunilha, se for o caso, e cubra com filme de PVC. É importante o filme encostar diretamente na superfície do creme para evitar que se forme uma película parecida com uma nata na superfície.
5. Leve à geladeira até esfriar ou até usar.

### Cobertura

1. Corte as frutas e certifique-se de que elas estejam bem secas. Depois de lavá-las você pode escorrer em uma peneira e secar com papel absorvente.

### Montagem

1. Pegue o creme já frio na geladeira. Ele ficou bem firme e meio gelatinoso, não se assuste! Bata com um fouet vigorosamente para que ele amoleça. Se for usar essência de baunilha, adicione-a agora.
2. Coloque o creme sobre a massa já assada, formando uma camada uniforme. Você pode usar uma espátula para alisar o creme ou, então, com um saco de confeitar, vá fazendo uma espiral de creme da parte mais externa em direção ao centro da torta.
3. Caso esteja montando a torta muito antes do horário em que ela será servida, de véspera, por exemplo, recomendo pincelar o interior da massa, antes de colocar o creme, com uma geleia de fruta (indico damasco por ter uma cor que se camufla na massa). Isso vai impermeabilizar a massa, evitando que absorva umidade do recheio e perca a crocância até a hora de servir.
4. Cubra a torta com as frutas picadas formando círculos com as frutas. Aqui, mais uma vez, a geleia pode ajudar caso esteja montando a torta com muita antecedência: para que as frutas não desidratem e fiquem feias, dilua um pouco de geleia de damasco peneirada (para tirar possíveis pedacinhos) com um pouco de água, ela deve ficar com uma textura de mel. A proporção de água vai variar de acordo com a consistência da geleia. Pincele sobre as frutas formando uma camada fina.
5. Conserve em temperatura ambiente se for servir em pouco tempo ou em geladeira, coberta com filme de PVC se for demorar muitas horas para servir.

*Quando estudei na França e também ao pesquisar receitas francesas, me deparava com uma especiaria chamada fève tonka. Eis que, para minha grande surpresa, trata-se de um ingrediente nativo brasileiro, uma semente chamada cumaru, que, naquela época, era muito pouco conhecida e impossível de achar em São Paulo, onde moro. Por sorte, nós brasileiros estamos aprendendo, ainda que tardiamente, a valorizar o que é nosso e a conhecer nossos ingredientes, e hoje já está mais fácil de achar cumaru. Uma vantagem excelente: é bem mais barato do que a fava de baunilha!*

# Torta de peras ao vinho com creme

*Esta torta é uma releitura da clássica sobremesa francesa que consiste de peras cozidas em vinho tinto e servidas com creme inglês. Este é um doce que deve ser servido empratado: uma pera cozida na calda de vinhos e especiarias, servida sobre uma camada de creme inglês. Na versão torta, temos a mesma combinação de sabores, mas uma apresentação que facilita o serviço, uma vez que a torta pode ser montada com antecedência e servida em fatias.*

### Massa sucrée

3 xícaras (350 g) de farinha de trigo

175 g de manteiga cortada em pedaços pequenos (gelada se optar pelo método sablage ou em temperatura ambiente, se pelo crémage)

½ xícara (100 g) de açúcar

1 colher (chá) de sal

1 ovo

### Creme de confeiteiro

2 xícaras + 2 colheres (sopa) (500 ml) de leite

1 ovo

4 gemas

¾ de xícara (150 g) de açúcar

6 colheres (sopa) (45 g) de amido de milho

### Peras em calda de vinho

750 ml de vinho tinto

1 xícara (200 g) de açúcar

1 colher (sopa) de mel

1 laranja (só as raspas da casca)

2 cravos-da-índia

4 grãos de pimenta-do-reino

¼ de colher (chá) de noz-moscada ralada ou em pó

1 pau de canela

6 peras williams

### Massa
1. Faça a massa conforme indicado na página 16. E, com ela, forre uma fôrma baixa de fundo removível e 24 cm de diâmetro. Asse-a por completo de acordo com as instruções na página 22.

### Creme de confeiteiro
1. Em uma panela, leve o leite ao fogo baixo até começar a ferver.
2. Enquanto isso, em uma tigela, bata o ovo e as gemas com o açúcar e o amido de milho.
3. Quando o leite começar a ferver, com uma concha, pegue uma quantidade do líquido e despeje aos poucos sobre a mistura de ovos, batendo sempre. Repita o procedimento duas ou três vezes. Despeje, cuidadosamente, essa mistura de ovos na panela em que o leite está fervendo e mexa vigorosamente com um fouet, em fogo baixo, até o creme dar ponto, cerca de 3 ou 4 minutos.
4. Passe o creme para uma tigela e cubra com filme de PVC, encostando na superfície do creme para evitar que se forme uma película parecida com uma nata. Leve à geladeira até esfriar ou até o momento de usar.

### Peras em calda de vinho
1. Coloque em uma panela o vinho, o açúcar, o mel, as raspas da casca de laranja e as especiarias e leve ao fogo.
2. Descasque as peras, corte na metade e retire o caroço.
3. Coloque, delicadamente, as peras na calda de vinho em ebulição e cozinhe por cerca de 20 minutos ou até estarem macias, porém não desmanchando.
4. Retire as peras da calda, cuidadosamente, com uma escumadeira. Aguarde até que esfriem um pouco para cortá-las em fatias grossas (com cerca de 1 cm).
5. Continue cozinhando a calda até ela reduzir e ficar com uma textura de mel.

### Montagem
1. Retire o creme da geladeira. Ele deverá estar bem firme. Bata vigorosamente com um fouet para que ele volte à textura cremosa. Coloque-o sobre a massa assada e já fria, formando uma camada uniforme. Para isso, você pode usar uma espátula alisando a superfície ou, então, usar um saco de confeitar, fazendo uma espiral da parte mais externa em direção ao centro.
2. Arrume as fatias de pera sobre o creme, começando pelas fatias maiores na parte mais externa da torta e diminuído em direção ao centro.
3. Pincele a fruta com a calda reduzida de vinho.

# Torta de limão

*Esta torta é das mais clássicas e conhecidas por nós aqui no Brasil. Gosto muito desta versão, pois leva o creme de leite fresco batido, o que a deixa mais leve do que a receita mais comum, feita com o de lata.*

*O que eu acho interessante nesta receita é o fato de o recheio não passar por cocção no fogão ou forno: é a acidez do limão que "cozinha" o creme.*

### Massa sucrée

3 xícaras (350 g) de farinha de trigo

175 g de manteiga cortada em pedaços pequenos (gelada se optar pelo método sablage ou em temperatura ambiente, se pelo crémage

½ xícara (100 g) de açúcar

1 colher (chá) de sal

1 ovo

### Recheio

1 lata de leite condensado

4 limões-taiti (o suco de todos eles e a raspa da casca de 2 deles)

1 xícara (240 g) de creme de leite fresco bem gelado

1 colher (sopa) de açúcar

### Merengue suíço

4 claras (140 g)

1¼ xícara (250 g) de açúcar

### Massa sucrée

1. Faça a massa conforme indicado na página 16 e, com ela, forre uma fôrma baixa de fundo removível e 24 cm de diâmetro. Asse de acordo com as instruções da página 22.

### Recheio

1. Em um liquidificador, bata o leite condensado com o suco e as raspas de limão e passe para uma tigela. Reserve.
2. Coloque, na batedeira, o creme de leite bem gelado e o açúcar e bata com o batedor de arame em velocidade médio-rápida por 3 ou 4 minutos, até estar em ponto de chantili. Cuidado para não bater demais e virar manteiga!
3. Incorpore delicadamente o creme de leite batido ao leite condensado, com uma espátula, fazendo movimentos circulares, de baixo para cima. A ideia é misturar os dois elementos, mas sem perder o ar que foi incorporado ao creme.

### Montagem

1. Coloque o recheio sobre a massa já assada e fria. Bata levemente a fôrma sobre a bancada para que o recheio se espalhe uniformemente sobre a massa. Leve à geladeira.
2. Prepare o merengue seguindo as instruções da página 162 e cubra a torta com ele usando um saco de confeitar com bico ou, então, uma espátula, para um efeito mais rústico.
3. Se quiser, doure o merengue usando um maçarico (ver foto na página 163). Se você não tiver um, coloque a torta pronta no forno bem quente, de preferência com a função grill ligada, por alguns minutos, apenas para a cobertura ficar na cor desejada.
4. Leve a torta novamente à geladeira por, no mínimo, 4 horas para garantir que o limão cozinhou o creme.
5. Desenforme e sirva.

# Torta cremosa de coco

*Talvez você ache estranho e torça um pouco o nariz quando vir o cream cheese na lista de ingredientes desta torta. Mas vai por mim: a acidez e o sal presentes nesse ingrediente trazem equilíbrio para a receita e, na torta pronta, você não percebe que ele está lá!*

### Massa flaky

1 colher (sopa) de vinagre (qualquer tipo)

½ xícara de água gelada

135 g de manteiga cortada em cubos (leve 85 g à geladeira e 50 g ao congelador até que os cubos fiquem bem firmes)

1½ xícara (190 g) de farinha de trigo

1½ de colher (chá) de sal

2 colheres (chá) de açúcar

### Recheio

1¼ xícara (275 g) de leite de coco

¾ de xícara (180 g) de leite

⅓ de xícara (75 g) de creme de leite

3 gemas

¾ de xícara (150 g) de açúcar

4 colheres (sopa) (30 g) de amido de milho

75 g cream cheese em temperatura ambiente

15 g de manteiga em temperatura ambiente

¾ de xícara (80 g) de coco ralado (fresco ou seco)

### Merengue suíço

4 claras (140 g)

1¼ xícara (250 g) de açúcar

### Cobertura

½ xícara (50 g) de coco ralado ou em fitas

### Massa flaky

1. Faça a massa conforme indicado na página 14 e, com ela, forre uma fôrma de torta de fundo removível e 24 cm de diâmetro. Asse de acordo com as instruções da página 22. Reserve.

### Recheio

1. Em uma panela, misture o leite de coco, o leite e o creme de leite e leve ao fogo médio até começar a ferver.
2. Em uma tigela, bata as gemas, o açúcar e o amido de milho com um fouet até obter um creme pálido.
3. Quando a mistura de leite ferver, pegue uma pequena quantidade do líquido quente com uma concha, despeje sobre o creme de gemas e misture bem. Repita essa operação duas ou três vezes. Despeje delicadamente esse creme de gemas na panela com os leites e mexa vigorosamente, em fogo baixo, com um fouet, por cerca de 2 ou 3 minutos, até formar um creme bem espesso.
4. Retire do fogo e adicione o cream cheese, a manteiga e o coco ralado.

### Cobertura

1. Preaqueça o forno a 120 °C; se a temperatura do seu forno começa acima dessa temperatura, preaqueça-o na menor possível.
2. Espalhe o coco ralado sobre uma assadeira em uma camada fina.
3. Leve ao forno e fique de olho, mexendo com uma espátula a cada 15 minutos ou sempre que julgar necessário. Retire quando chegar no dourado desejado. Preste atenção especialmente no fim do processo, pois de dourado para queimado é um pulo! Nesse processo, a máxima "cada forno é um forno" é mais válida do que nunca. Cuidado com aqueles cantos em que seu forno é mais forte. Embora simples, esta etapa varia bastante de forno para forno!

### Montagem

1. Coloque o recheio sobre a massa assada. Bata, levemente, a fôrma sobre a bancada para o recheio assentar por igual sobre a massa. Cubra a torta com filme de pvc, encostando na superfície do creme para evitar a formação de uma película parecida com uma nata. Leve à geladeira.
2. Prepare o merengue suíço seguindo as instruções da página 162.
3. Depois de a torta já resfriada, retire o plástico e cubra-a com o merengue suíço ou apenas decore com o coco tostado. Ou use os dois, coloque o merengue e cubra com o coco.

# Torta de creme de tapioca com coco e manga

*Criei uma primeira versão desta torta, ainda não vegana, para servir a familiares que estão morando fora do Brasil e estavam fazendo uma visita. Achei que ficou uma ótima sobremesa com brasilidade sem ter cara de doce típico. Tempos depois, parte da minha família passou a cortar produtos animais da dieta, então adaptei a receita, tornando-a vegana.*

### Massa vegana

2 xícaras (250 g) de farinha de trigo

½ xícara de óleo de coco gelado

2 colheres (sopa) de açúcar

½ colher (chá) de sal

4 colheres (sopa) de óleo vegetal

3 colheres (sopa) de água bem gelada

### Creme de tapioca

500 ml de leite de coco (melhor se for daqueles para beber)

⅓ de xícara (80 ml) de água

⅓ de xícara de tapioca granulada

¾ de xícara (150 g) de açúcar

⅓ de xícara (40 g) de coco fresco ralado

### Cobertura

2 mangas maduras cortadas em lâminas

fitas de coco para decorar

### Massa vegana

1. Coloque a farinha de trigo em uma tigela com o óleo de coco em pedacinhos. Use os dedos para formar uma farofa.
2. Adicione o açúcar e o sal e misture.
3. Junte o óleo e a água e amasse até formar uma massa.
4. Cubra com filme de pvc e leve à geladeira por, no mínimo, 30 minutos.
5. Retire a da geladeira, abra-a com um rolo até uma espessura de 5 mm e, com ela, forre uma fôrma baixa de fundo removível e 24 cm de diâmetro, conforme indicado na página 20. Asse de acordo com as instruções da página 22.

### Creme de tapioca

1. Coloque o leite de coco e a água em uma panela fora do fogo e junte a tapioca. Hidrate em temperatura ambiente por 1 hora.
2. Leve ao fogo e adicione o açúcar mexendo sempre. Cozinhe até engrossar e a tapioca ficar macia, formando um creme.
3. Retire do fogo e incorpore o coco.

### Montagem

1. Coloque o recheio sobre a massa assada e cubra com filme de pvc deixando em contato direto com a superfície do creme para evitar a formação de uma película parecida com uma nata.
2. Deixe esfriar e cubra com as lâminas de manga. Decore com as fitas de coco.
3. Desenforme e sirva.

# Torta de morango com amêndoas

*Enquanto aqui no Brasil estamos acostumados a encontrar aquelas tortas de morango com creme de confeiteiro cobertas com gelatina cheia de corantes, a torta de morango francesa, além da fruta e do creme, leva também um creme de amêndoas assado. Vale a pena provar!*

### Massa sucrée

3 xícaras (350 g) de farinha de trigo

175 g de manteiga cortada em pedaços pequenos (gelada se optar pelo método sablage ou em temperatura ambiente, se pelo crémage)

½ xícara (100 g) de açúcar

1 colher (chá) de sal

1 ovo

### Creme de confeiteiro

1 xícara + 1 colher (sopa) (250 ml) de leite

1 ovo

3 gemas

6 colheres (sopa) (75 g) de açúcar

3 colheres (sopa) (22 g) de amido de milho

### Creme de amêndoas

50 g de manteiga em temperatura ambiente

¼ de xícara (50 g) de açúcar

1 ovo

½ xícara (50 g) de farinha de amêndoas

### Cobertura

500 g de morangos

### Massa sucrée
1. Faça a massa conforme indicado na página 16 e, com ela, forre uma fôrma baixa de fundo removível e 24 cm de diâmetro. Leve à geladeira.

### Creme de confeiteiro
1. Em uma panela, leve o leite ao fogo baixo até começar a ferver.
2. Enquanto isso, em uma tigela, bata o ovo e as gemas com o açúcar e o amido de milho.
3. Quando o leite começar a ferver, com uma concha, pegue uma quantidade do líquido e despeje aos poucos sobre a mistura de ovos, batendo sempre. Repita o procedimento duas ou três vezes. Despeje, cuidadosamente, essa mistura de ovos na panela em que o leite está fervendo e mexa vigorosamente com um fouet, em fogo, baixo até o creme dar ponto, cerca de 3 ou 4 minutos.
4. Coloque o creme em uma tigela e cubra com filme de PVC. É importante que o filme fique em contato direto com a superfície do creme para evitar que se forme uma película parecida com uma nata. Leve à geladeira até esfriar ou até o momento de usar.

### Creme de amêndoas
1. Bata a manteiga com o açúcar até obter um creme fofo.
2. Junte o ovo e bata até estar bem incorporado.
3. Adicione a farinha de amêndoas e misture até estar homogêneo.

### Montagem
1. Preaqueça o forno a 180 °C.
2. Retire a fôrma da geladeira. Coloque o creme de amêndoas sobre a massa.
3. Leve ao forno por aproximadamente 40 minutos ou até a massa e o recheio estarem dourados. Retire do forno e deixe esfriar.
4. Retire o creme de confeiteiro da geladeira. Ele estará bem firme. Bata vigorosamente com um fouet para que fique cremoso novamente.
5. Quando a torta estiver completamente fria ou apenas um pouco morna, espalhe uma camada de creme de confeiteiro sobre o creme de amêndoas assado. Você vai usar aproximadamente metade do creme feito. É isso mesmo, já coloquei a menor receita possível aqui.
6. Disponha os morangos sobre a torta e, se quiser, polvilhe com amêndoas laminadas.
7. Desenforme e sirva.

# Torta de chocolate com caramelo salgado

*Esta variação da torta de ganache é para impressionar e agradar paladares exigentes. Fica linda e deliciosa, com uma combinação clássica de sabores.*

### Massa sucrée

3 xícaras (350 g) de farinha de trigo

175 g de manteiga cortada em pedaços pequenos (gelada se optar pelo método sablage ou em temperatura ambiente, se pelo crémage)

½ xícara (100 g) de açúcar

1 colher (chá) de sal

1 ovo

### Caramelo

1¼ xícara (250 g) de açúcar

1 colher (sopa) de mel

⅔ de xícara (160 g) de creme de leite fresco

2 colheres (chá) de sal

100 g de manteiga

### Ganache

⅓ de xícara (80 g) de creme de leite fresco

160 g de chocolate meio amargo picado ou em gotas

20 g de manteiga em temperatura ambiente ou levemente amolecida

flor de sal para acabamento (opcional)

### Massa sucrée

1. Faça a massa conforme indicado na página 16 e, com ela, forre uma fôrma baixa de fundo removível e 24 cm de diâmetro. Asse-a de acordo com as instruções da página 22. Reserve.

### Caramelo

1. Coloque o açúcar e o mel em uma panela e umedeça com um pouco de água (¼ de xícara é mais que suficiente). Leve ao fogo e deixe que derreta e forme um caramelo na cor âmbar bem escura. Evite mexer com colher durante o processo. Em vez disso, agite a panela para misturar.
2. Misture o creme de leite e o sal em uma outra panela e aqueça.
3. Quando o caramelo chegar ao tom desejado, adicione o creme de leite quente e mexa até incorporá-lo e todo o caramelo que, eventualmente, possa ter solidificado esteja derretido.
4. Retire do fogo, adicione a manteiga e mexa até formar um creme liso e homogêneo.

### Ganache

1. Antes de preparar a ganache, é necessário esperar que o caramelo esfrie e firme um pouco, ficando com uma textura semelhante à de doce de leite. Se você se apressar e colocar a ganache sobre o caramelo quente, os dois poderão se misturar e não teremos o efeito desejado, de duas camadas.
2. Quando o caramelo estiver na consistência certa, prepare a ganache. Aqueça o creme de leite até ferver e despeje sobre o chocolate, misturando até que ele derreta e fique homogêneo. Acrescente a manteiga picada e misture bem.

### Montagem

1. Coloque o caramelo sobre a massa assada.
2. Disponha delicadamente a ganache sobre o caramelo. Gire levemente a fôrma em seu próprio eixo para espalhar a ganache uniformemente sobre a torta.
3. Deixe esfriar em temperatura ambiente por, no mínimo, 2 horas antes de servir.
4. Se quiser, salpique com flocos de flor de sal.

# Torta ganache de chocolate

*Esta torta não tem erro, é sucesso garantido. Fácil de fazer, poucos ingredientes e com um recheio sedoso de chocolate. Não tem como pedir mais nada, né?*

### Massa sucrée

3 xícaras (350 g) de farinha de trigo
175 g de manteiga cortada em pedaços pequenos (gelada se optar pelo método sablage ou em temperatura ambiente, se pelo crémage)
½ xícara (100 g) de açúcar
1 colher (chá) de sal
1 ovo

### Ganache

⅔ de xícara (160 g) de creme de leite fresco
320 g de chocolate meio amargo picado ou em gotas
40 g de manteiga em temperatura ambiente ou levemente amolecida

### Massa sucrée

1. Faça a massa conforme indicado na página 16 e, com ela, forre uma fôrma baixa de fundo removível e 24 cm de diâmetro. Asse-a de acordo com as instruções da página 22. Reserve.

### Ganache

1. Aqueça o creme de leite até o ponto de ebulição. Quando ferver, despeje sobre o chocolate, misturando até que ele derreta e fique um creme homogêneo. Caso o chocolate não derreta completamente, leve a mistura ao micro-ondas em intervalos de 30 segundos, até chegar na consistência.
2. Acrescente a manteiga picada e misture bem. Se for usar alguma variação de sabor (alcoólica ou não), incorpore-a agora.

### Montagem

1. Coloque o recheio sobre massa já assada morna ou fria. Gire levemente a fôrma em seu próprio eixo para espalhar uniformemente o recheio.
2. Se quiser, quando estiver aparando o excesso da massa ainda crua na fôrma, faça com essas aparas pequenos biscoitinhos em formato de coração, estrela etc., asse em uma assadeira e coloque por cima da torta para decorar.
3. Deixe esfriar em temperatura ambiente por, no mínimo, 2 horas antes de servir.

## VARIAÇÕES ALCOÓLICAS

Adicione 50 ml de uma bebida alcoólica na ganache (após a adição da manteiga no preparo) para versões adultas e bem interessantes desta torta. São apenas algumas sugestões de que gosto, mas use o que você preferir:

- Cointreau ou Grand Marnier (minha favorita!) – neste caso, recomendo servir com casquinhas de laranja em calda ou cristalizada, para potencializar a laranja da bebida.
- Amaretto, Nocello, Frangelico – para um toque de frutas secas.
- Uísque, conhaque, cachaça envelhecida – para quem gosta de bebidas fortes e envelhecidas.

## VARIAÇÕES NÃO ALCOÓLICAS

A ganache é um terreno muito fértil para a criatividade. Você pode variar a sua adicionando outros ingredientes saborizantes tais como:

- Geleias.
- Concentrados de fruta, como maracujá.
- Pastas de oleaginosas, como avelãs, ou de amendoim.

A quantidade vai variar de acordo com a potência de sabor do ingrediente. Adicione e vá provando.

Para preparar uma ganache de coco, que combina especialmente com chocolate branco, substitua o creme de leite fresco por leite de coco, e a manteiga por óleo de coco.

# Criando a sua própria torta

Como já disse no início do livro, o mais legal de fazer tortas é poder criar sua receita facilmente. Com o tempo, descobri certos atalhos para pensar em novos sabores. Nesta seção, ensino receitas que podem ser aromatizadas de acordo com o seu gosto e combinadas entre si para que você use toda a sua imaginação. Na sequência, mostro algumas receitas que criei usando esse método.

# Creme de confeiteiro

*Este creme é superversátil. Você pode aromatizá-lo com uma série de elementos e pensar em harmonizações com isso. A descrição detalhada do preparo você encontra na receita de Torta de frutas frescas, nas páginas 90-91.*

## MÉTODOS DE AROMATIZAÇÃO

*Por infusão*

- Aqueça o leite para o preparo do creme até começar a ferver e coloque nele o ingrediente escolhido para aromatizar seu creme. Deixe levantar fervura, desligue o fogo e tampe a panela. Deixe o ingrediente no leite por, pelo menos, 30 minutos ou até de um dia para outro (neste caso, depois de esfriar, leve à geladeira). Passado esse tempo, retire o ingrediente do leite e faça a receita normalmente. Use esse método para especiarias (canela em pau, cravo-da-índia, bagas de cardamomo, anis-estrelado etc.), ervas e ingredientes para chás.

*Adição de um ingrediente no creme já pronto*

- Prepare o creme de acordo com a receita e leve à geladeira. Depois que o creme estiver completamente frio, retire-o da geladeira e bata vigorosamente com um fouet até recuperar a cremosidade. Adicione o ingrediente aromatizante, misture bem para que ele incorpore em todo o creme e recheie a torta.

*Ingredientes aromatizantes*

- Purês ou concentrados de frutas – funcionam superbem com as frutas vermelhas, manga e maracujá. Atenção: realmente use a fruta concentrada; se o purê estiver muito líquido, o creme pode desandar.
- Licores – eu gosto muito de usar os de amêndoas, nozes, avelãs e também de frutas, como o creme de cassis.
- Pastas de oleaginosas – cremes puros de avelã, pistache, castanha-do-pará.

## FINALIZAÇÃO

Espalhe o creme aromatizado sobre a massa de torta já assada e finalize cobrindo-o com frutas frescas, raspas de chocolate ou merengue suíço (marshmallow).

# Ganache

Na página 113, dou algumas dicas de como variar a ganache. Essas dicas também valem aqui, quando você estiver criando sua torta. Eu utilizo variações de ganache na Torta delizia al limone e na Torta de pistache e framboesa (veja receitas nas páginas 124 e 120, respectivamente), por exemplo.

# Recheio mágico

*Esta é uma base que pode ser combinada com praticamente qualquer ingrediente e resultar em um recheio que funciona. Você pode preparar com antecedência e até congelar antes de saborizar.*

50 g de manteiga derretida
¼ de xícara (50 g) de açúcar
1 ovo

1. Misture os três ingredientes com um fouet até obter um creme homogêneo. Misture ou bata esse creme com o ingrediente que quiser.
2. Forre uma fôrma com a massa escolhida e coloque o recheio sobre ela.
3. Leve ao forno preaquecido a 180 °C.
4. Asse por aproximadamente 40 minutos ou até a massa estar dourada.

### INGREDIENTES PARA MISTURAR AO RECHEIO

Funciona lindamente com todas as oleaginosas, que podem ir em pedaços, como farinha ou, então, ser batidas com o creme no liquidificador até virar uma pasta.

Algumas sugestões são: amêndoas, nozes, pistache, castanha-do-pará ou de caju, e avelãs. Este recheio também fica ótimo quando misturado a queijos cremosos como cream cheese, mascarpone, boursin etc.

Para variar ainda mais, o recheio mágico, aromatizado com o ingrediente de sua preferência, pode ser combinado com mais elementos na montagem da torta como uma camada de geleia ou doce de leite na base da torta, antes do recheio, e/ou uma camada fina de ganache por cima, depois de a torta já assada.

# Torta de pistache e framboesa

*Eis uma combinação clássica da confeitaria. É linda e gostosa em iguais proporções: as cores desses ingredientes tornam os doces atraentes e o agridoce da framboesa casa perfeitamente com o sabor levemente terroso e amadeirado do pistache.*

### Massa sucrée

3 xícaras (350 g) de farinha de trigo

175 g de manteiga cortada em pedaços pequenos (gelada se optar pelo método sablage ou em temperatura ambiente, se pelo crémage)

½ xícara (100 g) de açúcar

1 colher (chá) de sal

1 ovo

### Creme de pistache

50 g de manteiga derretida

1 ovo

¼ de xícara (50 g) de açúcar

50 g de pistache cru sem casca

50 g de amêndoas cruas sem casca

### Ganache rosada

40 g de creme de leite fresco

80 g de chocolate branco picado ou em gotas

10 g de manteiga

50 g de geleia de framboesa, peneirada para tirar as sementes

### Montagem

200 g de geleia de framboesa

### Massa sucrée

1. Faça a massa conforme indicado na página 16 e, com ela, forre uma fôrma baixa de fundo removível e 24 cm de diâmetro.

### Creme de pistache

1. No processador ou liquidificador, misture a manteiga derretida com o ovo e o açúcar até obter um creme homogêneo.
2. Adicione o pistache e as amêndoas e bata novamente até obter uma pasta grossa e pedaçuda.

### Ganache rosada

1. Aqueça o creme de leite até ferver e despeje sobre o chocolate picado. Mexa até o chocolate derreter. Caso o chocolate não derreta completamente, leve a mistura ao micro-ondas em intervalos de 30 segundos, até chegar na consistência.
2. Adicione a manteiga e misture para homogeneizar.
3. Adicione a geleia e reserve. Se quiser, pode bater no liquidificador.

### Montagem

1. Preaqueça o forno a 180 °C.
2. Espalhe a geleia sobre a massa formando uma camada de 5 mm. Coloque por cima o creme de pistache e nivele, deixando um espaço de 5 mm até a borda, para colocar a ganache.
3. Leve ao forno por 40 minutos ou até a massa ficar levemente dourada.
4. Retire do forno e deixe esfriar.
5. Coloque a ganache sobre a torta e vire-a, delicadamente, com movimentos circulares sobre o próprio eixo para espalhar bem a ganache.
6. Aguarde, no mínimo, 2 horas para servir, até que a ganache possa firmar.

# Torta delizia al limone

*Na Costa Amalfitana, no sul da Itália, há um doce típico chamado delizia al limone, à base de limão siciliano e limoncello. Esta torta é uma releitura desse doce.*

*O limoncello é um licor também típico dessa região da Itália feito, como o próprio nome diz, de limão-siciliano.*

### Massa sucrée

3 xícaras (350 g) de farinha de trigo

175 g de manteiga cortada em pedaços pequenos (gelada se optar pelo método sablage ou em temperatura ambiente, se pelo crémage)

½ xícara (100 g) de açúcar

1 colher (chá) de sal

1 ovo

### Recheio

100 g de manteiga derretida

5 gemas

½ xícara (100 g) de açúcar

2 xícaras (200 g) de farinha de amêndoas

1 limão-siciliano (suco e raspas da casca)

### Ganache de limoncello

100 g de chocolate branco picado

¼ de xícara (30 g) de creme de leite

1 colher (sopa) (15 g) de manteiga

1 ou 2 colheres (sopa) de licor limoncello, dependendo do seu gosto

### Massa sucrée

1. Faça a massa conforme indicado na página 16 e, com ela, forre uma fôrma baixa de fundo removível e 24 cm de diâmetro. Reserve.

### Recheio

1. Em uma tigela, misture a manteiga derretida, as gemas e o açúcar até obter um creme liso. Adicione a farinha de amêndoas e, por fim, o suco e as raspas do limão. Esta é a mesma base do Recheio mágico, da página 118, mas, em vez de 1 ovo inteiro, eu estou usando 5 gemas.

### Ganache de limoncello

1. Em uma tigela, coloque o chocolate branco picado e o creme de leite e leve ao micro-ondas ou em banho-maria, mexendo em intervalos curtos, até o chocolate derreter e se misturar ao creme de leite. Caso o chocolate não derreta completamente, leve a mistura ao micro-ondas em intervalos de 30 segundos, até chegar na consistência.
2. Adicione a manteiga e o licor e misture bem. Reserve até a hora de usar.

### Montagem

1. Preaqueça o forno a 180 °C.
2. Coloque o recheio sobre a massa, deixando um espaço de, no mínimo, 5 mm de altura, para poder completar com a ganache depois.
3. Leve ao forno por cerca de 45 minutos ou até a massa estar dourada.
4. Espalhe a ganache sobre a torta morna ou já totalmente resfriada.
5. Deixe esfriar antes de desenformar e servir.

# Torta Romeu e Julieta

*Queijo com goiabada é daquelas coisas que me dão alegria. Por isso quis traduzir essa minha paixão em uma torta, que ficou linda e deliciosa.*

### Massa sucrée

3 xícaras (350 g) de farinha de trigo

175 g de manteiga cortada em pedaços pequenos (gelada se optar pelo método sablage ou em temperatura ambiente, se pelo crémage)

½ xícara (100 g) de açúcar

1 colher (chá) de sal

1 ovo

### Recheio

50 g de manteiga derretida

1 ovo

¼ de xícara (50 g) de açúcar

150 g de cream cheese em temperatura ambiente

1 colher (chá) de sal

### Cobertura

½ xícara (150 g) de goiabada cremosa

### Massa sucrée

1. Faça a massa conforme indicado na página 16, e, com ela, forre uma fôrma baixa de fundo removível e 24 cm de diâmetro. Pré-asse de acordo com as instruções da página 22. Retire a fôrma do forno e reserve, mas mantenha-o aquecendo a 180 °C.

### Recheio

1. Em uma tigela, misture a manteiga derretida com o ovo e o açúcar até obter um creme liso e homogêneo.
2. Adicione o cream cheese e o sal e misture até que estejam totalmente incorporados, sem grumos.

### Cobertura

1. Quando o tempo de cocção estiver terminando, aqueça a goiabada com 2 colheres (sopa) de água. Pode fazer isso em uma panela ou no micro-ondas, como preferir.

### Montagem

1. Coloque o creme sobre a massa pré-assada e leve ao forno por cerca de 35 minutos ou até o creme estar estufado no meio, parecendo um bolo.
2. Retire a torta do forno e, delicadamente, espalhe a goiabada quente sobre o recheio de cream cheese. Leve-a novamente ao forno por mais 10 minutos ou até a goiabada começar a borbulhar nas bordas.
3. Espere esfriar antes de desenformar e servir.

# Torta de castanha-do-pará com damasco

*Adoro a combinação desses dois ingredientes. Acho que o sabor agridoce do damasco combina lindamente com o amanteigado da castanha. Caso você não seja muito fã de chocolate branco, peço seu voto de confiança: o ingrediente entra aqui como base e não terá grande destaque no paladar final, contribuindo apenas com o perfume agradável da manteiga de cacau.*

### Massa sucrée

3 xícaras (350 g) de farinha de trigo

175 g de manteiga cortada em pedaços pequenos (gelada se optar pelo método sablage ou em temperatura ambiente, se pelo crémage)

½ xícara (100 g) de açúcar

1 colher (chá) de sal

1 ovo

### Recheio

100 g de damascos secos

3 colheres (sopa) de água

1 colher (sopa) de mel

### Creme de castanha-do-pará

50 g de manteiga derretida

1 ovo

¼ de xícara (50 g) de açúcar

100 g de chocolate branco picado ou em gotas

200 g de castanha-do-pará grosseiramente picada

damascos picados

açúcar de confeiteiro para polvilhar

### Massa sucrée
1 Faça a massa conforme indicado na página 16 e, com ela, forre uma fôrma baixa de fundo removível e 24 cm de diâmetro.

### Recheio
1 Em um processador ou liquidificador, bata todos os ingredientes do recheio até estar com textura de geleia. Reserve.

### Creme de castanha-do-pará
1 Em uma panela, mas fora do fogo, misture a manteiga derretida com o ovo e o açúcar até obter um creme homogêneo.
2 Adicione o chocolate picado e leve ao fogo baixo, mexendo sem parar, até o chocolate derreter e ficar cremoso.
3 Transfira o creme para um processador ou liquidificador, adicione as castanhas e bata até formar um creme com pedacinhos.

### Montagem
1 Preaqueça o forno a 180 °C.
2 Espalhe o recheio de damasco sobre a massa formando uma camada de 5mm. Coloque o creme de castanha-do-pará e nivele com uma espátula.
3 Leve ao forno por 45 minutos ou até o recheio estar com um bonito tom dourado.
4 Se quiser, decore com damascos picados e polvilhe com açúcar de confeiteiro.
5 Aguarde a torta esfriar para desenformar e servir.

# Torta de gianduia

*Chocolate com avelã é uma das combinações mais amadas da confeitaria. Apaixona adultos e crianças. Nesta torta, eu combino um recheio assado de chocolate com avelã e uma cobertura de ganache para um efeito ainda mais cremoso.*

### Massa sucrée

3 xícaras (350 g) de farinha de trigo

175 g de manteiga cortada em pedaços pequenos (gelada se optar pelo método sablage ou em temperatura ambiente, se pelo crémage)

½ xícara (100 g) de açúcar

1 colher (chá) de sal

1 ovo

### Recheio

200 g de avelãs sem casca

50 g de manteiga derretida

1 ovo

¼ de xícara (50 g) de açúcar

100 g de chocolate meio amargo picado ou em gotas

### Ganache

4 colheres (sopa) (40 g) de creme de leite fresco

80 g de chocolate meio amargo picado ou em gotas

10 g de manteiga

### Massa sucrée

1. Faça a massa conforme indicado na página 16 e, com ela, forre uma fôrma baixa de fundo removível e 24 cm de diâmetro.

### Recheio

1. Torre as avelãs sem casca em forno médio (200 °C) por 10 minutos ou em uma frigideira grande em fogo baixo, mexendo até dourar. Reserve.
2. Em uma panela, mas fora do fogo, misture a manteiga derretida com o ovo e o açúcar até obter um creme homogêneo.
3. Adicione o chocolate picado e leve ao fogo baixo, mexendo sem parar, até o chocolate derreter e ficar cremoso.
4. Transfira o creme para um processador ou liquidificador, adicione as avelãs torradas e bata até formar uma pasta granulosa.

### Ganache

1. Aqueça o creme de leite até ferver, despeje sobre o chocolate picado e mexa até o chocolate derreter completamente. Caso o chocolate não derreta completamente, leve a mistura ao micro-ondas em intervalos de 30 segundos, até chegar na consistência.
2. Adicione a manteiga e misture até incorporar todos os ingredientes. Reserve.

### Montagem

1. Preaqueça o forno a 180 °C.
2. Coloque o recheio sobre a massa, deixando um espaço de, no mínimo, 5 mm de altura, para poder completar com a ganache depois.
3. Leve ao forno por cerca de 40 minutos ou até a massa estar dourada.
4. Retire a torta do forno e deixe esfriar.
5. Coloque a ganache sobre o creme na torta e vire-a, delicadamente, com movimentos circulares sobre o próprio eixo para espalhar bem a ganache.
6. Aguarde, no mínimo, 2 horas para servir, até que a ganache possa firmar.

# Torta de coco com doce de leite

*Coco e doce de leite é aquela mistura brasileira de sucesso que não poderia ficar de fora deste livro. Esta torta é perfeita para o chá da tarde ou para aquele café da manhã caprichado no fim de semana.*

### Massa sucrée

3 xícaras (350 g) de farinha de trigo

175 g de manteiga cortada em pedaços pequenos (gelada se optar pelo método sablage ou em temperatura ambiente, se pelo crémage)

½ xícara (100 g) de açúcar

1 colher (chá) de sal

1 ovo

### Recheio

50 g de manteiga derretida

1 ovo

¼ de xícara (50 g) de açúcar

½ xícara (120 g) de leite de coco

1 xícara (100 g) de coco ralado

½ xícara (150 g) de doce de leite

### Massa sucrée

1. Faça a massa conforme indicado na página 16 e, com ela, forre uma fôrma baixa de fundo removível e 24 cm de diâmetro. Pré-asse de acordo com as instruções da página 22. Retire a fôrma do forno e reserve, mas mantenha-o aquecendo a 180 °C.

### Recheio

1. Misture a manteiga derretida com o ovo e o açúcar até obter um creme liso e homogêneo.
2. Adicione o leite de coco e o coco ralado e misture bem para incorporar ao creme.

### Montagem

1. Espalhe uma camada de doce de leite de aproximadamente 5 mm a 1 cm de espessura sobre a massa pré-assada.
2. Coloque o recheio de coco por cima do doce de leite.
3. Leve ao forno por 30 minutos ou até o recheio começar a dourar.
4. Aguarde esfriar um pouco para desenformar e servir.
5. Sirva morna ou em temperatura ambiente.

# Torta de frutas vermelhas com creme de cassis

*Se você pedir chantili na Itália, pode se surpreender. Isso porque, em algum momento da história, houve uma confusão e o que eles chamam por esse nome é uma combinação de creme de confeiteiro com creme de leite batido, o que na confeitaria clássica francesa é chamado de creme diplomata.*

*Nesta torta, vamos usar esse chantili italiano, que fica mais leve do que o creme de confeiteiro normal, combinado com um pouco de licor de cassis, que ressalta as frutas vermelhas da cobertura.*

### Massa sucrée

3 xícaras (350 g) de farinha de trigo

175 g de manteiga cortada em pedaços pequenos (gelada se optar pelo método sablage ou em temperatura ambiente, se pelo crémage)

½ xícara (100 g) de açúcar

1 colher (chá) de sal

1 ovo

### Chantili italiano

1 xícara + 1 colher (sopa) (250 ml) de leite

3 gemas

¾ de xícara (75 g) de açúcar

2 colheres (sopa) (15 g) de amido de milho

¼ de xícara (60 ml) de licor creme de cassis

¾ de xícara (175 g) de creme de leite fresco

1 colher (sopa) de açúcar

500 g de frutas vermelhas frescas (morango, framboesa, amora, mirtilo etc.) para decorar

### Massa sucrée

1. Faça a massa conforme indicado na página 16, e com ela forre uma fôrma baixa de fundo removível e 24 cm de diâmetro. Asse por completo de acordo com as instruções da página 22.

### Chantili italiano

1. Comece preparando o creme de confeiteiro. Em uma panela, leve o leite ao fogo baixo até começar a ferver. Enquanto isso, em uma tigela, bata as gemas com o açúcar e o amido de milho.
2. Quando o leite começar a ferver, com uma concha, pegue uma quantidade do líquido e despeje aos poucos sobre a mistura de ovos, batendo sempre. Repita o procedimento duas ou três vezes. Despeje, cuidadosamente, essa mistura de ovos na panela em que o leite está fervendo e mexa vigorosamente com um fouet, em fogo baixo, até o creme dar ponto, cerca de 3 ou 4 minutos.
3. Passe o creme para uma tigela e cubra com filme de PVC. É importante que o filme fique em contato direto com a superfície do creme, para evitar que se forme uma película parecida com uma nata. Leve à geladeira até esfriar.
4. No momento de usar, retire o creme de confeiteiro já frio da geladeira. Não se espante se estiver com uma aparência dura; bata com um fouet vigorosamente para que amoleça. Misture o creme de cassis.
5. Bata o creme de leite bem gelado com o açúcar até o ponto de chantili.
6. Incorpore, delicadamente, o chantili ao creme de confeiteiro fazendo movimentos circulares de baixo para cima na tigela, até estar homogêneo.

### Montagem

1. Coloque o chantili italiano sobre a massa assada, formando uma camada uniforme. Você pode fazer isso com o auxílio de uma espátula ou um saco de confeitar; nesse caso, vá fazendo uma espiral da parte mais externa em direção ao centro.
2. Cubra com as frutas e mantenha em geladeira até minutos antes de servir.

*Frutas vermelhas ficam lindas polvilhadas de açúcar de confeiteiro ou então salpicadas com pistaches.*

# Torta de chocolate com marshmallow

*Para esta torta, me inspirei em chocolates quentes. Sim, no plural. Fiz uma mistura do chocolate quente servido no México, que tem um leve toque de especiarias, com o chocolate quente dos Estados Unidos, que recebe marshmallow por cima, para ser misturado à bebida. O que temos é uma torta com um creme de confeiteiro aromatizado de chocolate com toque de especiarias e o merengue suíço por cima. Espero que gostem da invenção. Ah! Se quiserem, podem suprimir as especiarias para uma versão mais voltada ao público infantil!*

### Massa sucrée

3 xícaras (350 g) de farinha de trigo

175 g de manteiga cortada em pedaços pequenos (gelada se optar pelo método sablage ou em temperatura ambiente, se pelo crémage)

½ xícara (100 g) de açúcar

1 colher (chá) de sal

1 ovo

### Creme de confeiteiro

2 xícaras + 2 colheres (sopa) (500 ml) de leite

¼ de colher (chá) pimenta-de-caiena moída

2 paus de canela

uma pitada de noz-moscada em pó

1 ovo

4 gemas

¾ de xícara (150 g) de açúcar

4 colheres (sopa) (30 g) de amido de milho

100 g de chocolate meio amargo ou amargo (50% a 70% cacau) picado

1 colher (sopa) de cacau em pó

### Merengue suíço

4 claras (140 g)

1¼ xícara (250 g) de açúcar

### Massa sucrée
1. Faça a massa conforme indicado na página 16 e, com ela, forre uma fôrma baixa de fundo removível e 24 cm de diâmetro. Asse-a por completo de acordo com as instruções na página 22.

### Creme de confeiteiro
1. Em uma panela, coloque o leite e as especiarias e leve ao fogo baixo até começar a ferver.
2. Enquanto isso, em uma tigela, bata o ovo e as gemas com o açúcar, o amido de milho e o cacau.
3. Quando o leite começar a ferver, com uma concha, pegue uma quantidade do líquido e despeje aos poucos sobre a mistura de ovos, batendo sempre. Repita o procedimento duas ou três vezes. Despeje, cuidadosamente, essa mistura de ovos na panela em que o leite está fervendo e mexa vigorosamente com um fouet, em fogo baixo, até o creme dar ponto, o que acontece em cerca de 3 a 4 minutos.
4. Retire o creme do fogo e adicione o chocolate e misture até ele derreter por completo.
5. Leve o creme para uma tigela e cubra com filme de PVC. É importante o filme estar em contato direto com a superfície do creme para evitar que se forme uma película parecida com uma nata.
6. Leve à geladeira até esfriar ou até o momento de usar.

### Montagem
1. Prepare o merengue suíço seguindo as instruções da página 162.
2. Retire o creme da geladeira, descarte os paus de canela e bata vigorosamente com um fouet até ficar cremoso e homogêneo novamente.
3. Coloque o creme sobre a massa assada e cubra com o merengue.
4. Sirva gelada ou em temperatura ambiente.

# Diferentonas

Nem toda torta é igual! Aqui temos algumas preparações que fogem do convencional, seja porque não precisam de fôrma, seja porque não são assadas. Mas não importa, porque todas são muito gostosas e vale a pena você experimentá-las.

# Apfelstrudel

*Se você é dessas pessoas que, ao pensar nesta clássica sobremesa, já pensa em Alemanha, sinto informar: o doce é austríaco!*

*Nesta receita, vou ensinar a fazer o strudel do zero, desde a massa (que não, não é folhada!), que tem um processo de preparo bem legal e, embora trabalhoso, não é nada difícil, até o recheio, claro. A massa é que deve ser aberta em uma espessura muito, muito fina. O objetivo é ter uma massa tão fina que, ao colocar um papel escrito sob ela, você consiga lê-lo com facilidade.*

*Uma história curiosa sobre isso foi contada por uma amiga cuja mãe é do norte da Itália, na fronteira com a Áustria. Ela contou que, antigamente, dizia-se que a moça estava pronta para casar quando conseguisse ler a carta do namorado sob a massa (para isso, a massa precisa ficar finíssima). Obviamente, no dia a dia corrido, você pode fazer com massa pronta (folhada ou filo, como preferir) e só usar a minha receita de recheio, mas aceite meu convite de partir do zero quando tiver um tempinho extra para se dedicar!*

### Massa

2¾ xícaras (340 g) de farinha de trigo, mais um pouco para polvilhar

½ colher (chá) de sal

4 colheres (sopa) (60 g) de manteiga em temperatura ambiente (textura de pomada)

1 ovo

¾ de xícara (chá) (180 ml) de água

½ colher (chá) de vinagre

### Recheio

⅓ de xícara (50 g) de uvas-passas de molho em 3 colheres (sopa) de rum por 24 horas

50 g de manteiga sem sal

½ xícara (60 g) de farinha de rosca

750 g de maçãs

2 colheres (sopa) de suco de limão-siciliano

raspas da casca de 1 limão-siciliano

1 colher (chá) de canela em pó

⅓ de xícara (65 g) de açúcar

½ xícara (50 g) de amêndoas levemente tostadas e picadas

### Montagem

100 g (aproximadamente) de manteiga derretida para pincelar a massa

1 xícara (120 g) de açúcar de confeiteiro

### Massa

1. Em um processador, misture a farinha, o sal e a manteiga até formar uma farofa. Em outro recipiente, misture o ovo, a água e o vinagre. Sem parar de bater, despeje o líquido devagar até formar uma massa; é bem rápido. Bata por mais 30 segundos. Verifique a consistência: deverá estar bem elástica e mole, mas deve desgrudar da mão. Se estiver muito grudenta, adicione farinha. Se achar que está seca, junte água. Bata novamente por 30 segundos.

2. Se preferir fazer a mão, em uma tigela misture a farinha, o sal e a manteiga com a ponta dos dedos e incorpore o líquido aos poucos. Depois, trabalhe a massa por cerca de 5 minutos para deixá-la elástica e homogênea. Deste ponto você deverá avaliar a consistência: se estiver sujando a mão, é sinal de que necessita mais farinha; se estiver uma massa dura, coloque um pouco mais de água.

3. Seja qual for o método usado até agora, é hora de desenvolver o glúten. Pegue a massa e, sem dó nem piedade, jogue-a sobre a mesa. Repita o processo cerca de 100 vezes. É rápido e, sobretudo, muito divertido!

4. Coloque a massa em um tigela untada com óleo, cubra com filme de PVC e deixe descansar por ao menos 30 minutos. Em tese, não precisaria deixar na geladeira, pois não queremos uma massa dura para trabalhar, mas, como a massa leva ovo, prefiro refrigerar.

5. Estenda uma toalha ou pano bem limpo sobre uma mesa (o ideal é que você consiga andar em volta) e polvilhe com farinha de trigo.

6. Coloque a massa sobre a toalha no meio da mesa, polvilhe com farinha e, com um rolo, comece a abrir a massa, tentando manter um formato retangular, até chegar a uma medida aproximada de 45 x 25 cm.

7. A partir daí, coloque suas mãos por baixo da massa e comece a esticá-la para todos os lados, delicadamente. A massa é bastante elástica e deliciosa de mexer. No início, é normal ter receio, mas, pouco a pouco, você pega o jeito e vai se divertir. Lembre-se de que ela deve ficar finíssima, a ponto de se poder enxergar através dela.

8. Quanto às dimensões, queremos que o menor lado tenha cerca de 20 cm a mais do que o maior lado da assadeira na qual você vai assar seu strudel. Aqui, vamos fazer para uma assadeira de 40 x 30 cm, então queremos que o menor lado da massa aberta tenha cerca de 60 cm (prefira errar para mais que para menos!). Do lado maior, não tem limite de comprimento.

9  Uma vez que tenha chegado à espessura e tamanho desejados, corte, com uma tesoura, uma faixa de cerca de 2 cm de toda a borda da massa, que é onde ela fica mais grossa. Descarte essa massa sobressalente.

### Recheio

1  Em uma frigideira, derreta a manteiga e toste a farinha de rosca como uma farofa. Reserve.
2  Descasque as maçãs, corte-as em quartos, retire as sementes e fatie.
3  Adicione a elas o suco e as raspas de limão, a canela, o açúcar, as uvas-passas e o rum em que elas estavam de molho e as amêndoas.
4  Deixe o recheio descansar para macerar um pouco enquanto abre a massa, mas sem exagero para que não perca muita água.

### Montagem

1  Preaqueça o forno a 235 °C.
2  Escorra o recheio de maçã, para tirar algum excesso de líquido.
3  Pincele toda a massa estendida com metade da manteiga derretida.
4  Deixe uma margem de um palmo em uma das laterais menores da massa aberta e de 5 cm de cada lado das maiores e polvilhe o centro com a farinha de rosca, formando um quadrado de cerca de 40 x 40 cm.
5  Disponha o recheio sobre a metade do quadrado de farinha de rosca mais próxima à lateral menor.
6  Pegando pela toalha, e não pela massa, dobre a margem de um palmo de massa sobre o recheio.
7  Agora, a parte mais legal! Levante a lateral da toalha de forma a fazer o strudel rolar sobre o recheio, a partir dessa lateral cuja margem você já dobrou, até a outra. Role o suficiente para que a massa toda se enrole no recheio, como um rocambole, e a emenda fique para baixo, tocando a toalha.
8  Calma, está quase pronto! Pressione o excesso de massa em cada uma das pontas e, delicadamente, dobre-a para baixo do strudel.
9  Pincele a assadeira com manteiga. Com cuidado, pegue o strudel e coloque na assadeira, mantendo a emenda para baixo. Pincele o strudel com mais um pouco da manteiga derretida.
10  Leve ao forno. Após 15 minutos, reduza a temperatura para 200 °C e asse por mais 25 minutos, aproximadamente, até estar bem dourado.
11  Antes de servir, polvilhe com açúcar de confeiteiro.
12  Se quiser, acompanhe com chantili (receita na página 164), ou, como é costume no sul do Brasil, com nata.

# Galette de frutas

*Adoro comidas com uma apresentação rústica, mas bem-feita. Acho que ficam muito apetitosas! Esta é uma "receita não receita". É mais um modo de fazer que você pode personalizar bastante com a fruta que quiser e dar vários toques seus.*

### Massa flaky

1 colher (sopa) de vinagre (qualquer tipo)

½ xícara de água gelada

135 g de manteiga cortada em cubos (leve 85 g à geladeira e 50 g ao congelador até que os cubos fiquem bem firmes)

1½ xícara (190 g) de farinha de trigo

1½ colher (chá) de sal

2 colheres (chá) de açúcar

### Recheio

½ a 1 xícara (100 g a 200 g) de açúcar (vai depender de suas preferências em relação ao dulçor das frutas)

½ colher (chá) de sal

3 colheres (sopa) (22 g) de amido de milho

500 g de frutas frescas de sua preferência (só não recomendo as cítricas, como laranja, tangerina etc.), picadas em gomos ou pedaços grandes

farinha de rosca ou farinha de oleaginosas ou coco ralado seco (opcional)

leite, creme de leite ou ovo para pincelar

### Massa flaky
1. Faça a massa conforme o indicado na página 14. Reserve.

### Recheio
1. Em uma tigela, misture o açúcar, o sal e o amido, coloque sobre as frutas já picadas e mexa com uma colher para que misture tudo bem. Lembre-se de experimentar para verificar o dulçor das frutas e dosar a quantidade de açúcar de acordo com seu paladar.

### Montagem
1. Preaqueça o forno a 190 °C.
2. Abra a massa com aproximadamente 35 cm de diâmetro.
3. Coloque-a centralizada sobre uma assadeira. Não importa muito o formato da assadeira, nem o tamanho, desde que caiba dentro dela um disco de aproximadamente 25 cm de diâmetro.
4. Polvilhe com a farinha de rosca o centro da massa, formando um círculo de aproximadamente 25 cm de diâmetro. Este passo é opcional, mas, seja lá o que você escolheu (a farinha de rosca, a de oleaginosas ou o coco ralado), é esse ingrediente que vai ajudar a absorver um pouco do líquido de cozimento das frutas e a deixar a massa da torta mais crocante.
5. Coloque as frutas sobre esse círculo, deixando uma pequena margem de 1 cm, ou seja, formando um círculo de mais ou menos 24 cm de diâmetro.
6. Dobre a borda restante da massa sobre as frutas. Pressione a massa fazendo pregas para que ela grude e não abra enquanto estiver assando. Não se preocupe, pois a massa não cobre todo o recheio mesmo.
7. Pincele com leite, creme de leite ou o ovo batido e diluído em um pouco de água.
8. Leve ao forno por aproximadamente 45 minutos ou até dourar bem a massa.

*Uma variação gostosa desta receita é substituir o açúcar por uma geleia. Por exemplo, maçã com geleia de framboesa e farinha de amêndoas na base fica uma delícia!*

*Outra ideia para adicionar um perfume a mais é colocar 50 ml de algum licor às frutas depois de adicionar a mistura de açúcar, amido e sal. Gosto muito de usar licor de avelã na galette feita com pêssegos e, mais uma vez, a farinha de amêndoas na base.*

# Banoffee (Torta de banana com doce de leite)

*Quem diria que uma sobremesa de banana com doce de leite seria britânica, não e mesmo? Mas, como era de se esperar, ela tem ganhado cada vez mais fãs por aqui. Se quiser variar a apresentação, monte a sobremesa como verrine, que é superfácil.*

### Massa de biscoitos

220 g de biscoitos de maisena
100 g de manteiga derretida

### Recheio

400 g de doce de leite
3 a 4 bananas maduras cortadas em fatias grossas (aproximadamente 1,5 cm de espessura)
1 xícara (240 ml) de creme de leite fresco bem gelado
1 colher (sopa) de açúcar
50 g de chocolate meio amargo (ou amargo ou cacau em pó)

*Para montar a torta como verrine, coloque a farinha de bolacha no fundo do copo sem compactar. Em seguida, coloque o doce de leite, depois as bananas e o chantili, e faça o acabamento com o chocolate.*

### Massa de biscoitos

1. Em um processador ou no liquidificador, triture as bolachas. Misture essa "farinha de bolacha" com a manteiga derretida. Você pode fazer essas duas etapas simultaneamente no processador, ou então à mão mesmo. A textura final deverá ser de uma areia grossa úmida.
2. Forre o fundo e as laterais de uma fôrma de fundo removível e 24 cm de diâmetro pressionando a massa contra a fôrma em uma camada homogênea. Leve à geladeira ou ao congelador por, no mínimo, 15 minutos.

### Recheio e montagem

1. Retire a fôrma da geladeira. Coloque o doce de leite em uma única camada sobre a massa e cubra com as rodelas de banana.
2. Com a ajuda de batedeira ou batedor elétrico, bata o creme de leite gelado. Quando começar a ganhar consistência, adicione o açúcar e siga batendo até estar firme, em ponto de chantili.
3. Espalhe o chantili sobre as bananas.
4. Derreta o chocolate no micro-ondas ou em banho-maria. Com uma colher, respingue o chocolate sobre a torta. Alternativamente, polvilhe com cacau em pó.
5. Leve à geladeira até o momento de servir.

# Streusel de ameixas frescas (Torta crumble)

*Mais uma opção de torta de frutas assadas com aparência rústica. Agora, trata-se de uma receita alemã, que, aqui, estamos fazendo com ameixas, uma das mais tradicionais, mas pode ser feita com a fruta que você quiser. Para uma sobremesa rápida, coloque as frutas diretamente em um refratário untado com manteiga (como na foto), cubra com o crumble e asse. Sirva puro ou com sorvete.*

### Massa sucrée

- 3 xícaras (350 g) de farinha de trigo
- 175 g de manteiga cortada em pedaços pequenos (gelada se optar pelo método sablage ou em temperatura ambiente, se pelo crémage)
- ½ xícara (100 g) de açúcar
- 1 colher (chá) de sal
- 1 ovo

### Recheio

- 600 g de ameixas frescas
- açúcar a gosto

### Crumble

- 125 g de manteiga gelada cortada em cubos
- 1½ xícara (180 g) de farinha de trigo
- ¾ de xícara (150 g) de açúcar
- 1 colher (chá) de canela em pó
- 3 colheres (sopa) de farinha de rosca

### Massa sucrée

1. Faça a massa conforme indicado na página 16 e, com ela, forre uma fôrma baixa de fundo removível e 24 cm de diâmetro. Leve à geladeira.

### Recheio

1. Corte as ameixas em metades ou quartos a depender do tamanho. Se quiser adoçá-las, polvilhe com o açúcar.

### Crumble

1. Coloque em uma tigela a manteiga e a farinha e, com a ponta dos dedos, amasse até formar uma farofa. Adicione o açúcar e a canela e misture até obter uma farofa grossa e empelotada.

### Montagem

1. Preaqueça o forno a 200 °C.
2. Retire a fôrma da geladeira e polvilhe a superfície da massa com a farinha de rosca.
3. Espalhe as frutas picadas sobre a massa e coloque o crumble sobre elas.
4. Leve ao forno por 40 minutos ou até a massa estar bem dourada e o crumble crocante.
5. Deixe esfriar antes de desenformar e servir.

# Acabamentos

# Treliça de massa

Um dos acabamentos mais tradicionais para tortas e também um dos mais temidos.

O primeiro passo é trabalhar com a massa certa. Ela deve ser mais maleável e não a do tipo quebradiça; recomendo vivamente a massa flaky (página 14). Não é impossível de ser feito com a sucrée (página 16) ou a frolla (página 50), mas será bem mais difícil.

Abra a massa e corte em tiras da largura que você desejar ou que estiver indicado na receita.

Coloque metade das tiras paralelamente, na vertical, sobre o recheio.

Levante e dobre uma tira sim, outra não, para cima, na posição onde deseja colocar uma tira horizontal.

Coloque a primeira tira horizontal sobre o recheio de forma que ela passe por cima das tiras que ficaram esticadas, mas toque o recheio nos lugares em que as outras tiras foram dobradas.

Desdobre as tiras da primeira camada sobre a tira horizontal.

Agora, dobre, para cima, as tiras da primeira camada que haviam ficado esticadas e mantenha as outras esticadas.

Coloque a próxima tira horizontal, mais uma vez passando por cima das tiras esticadas e tocando o recheio na posição das dobradas.

Desdobre as tiras sobre a nova tira.

Repita a operação até concluir todas as tiras ou cobrir toda a torta.

Pressione as extremidades das tiras que estão tocando a massa da borda para aderir bem. Corte excessos, se houver.

Finalize conforme recomendado na receita (pincelando com leite ou creme de leite ou ovo, ou polvilhando com farinha de rosca ou açúcar de confeiteiro).

Leve para assar conforme indicado na receita.

# Pie crimping
## (o trabalho de bordas das tortas americanas)

Use esta técnica se você estiver trabalhando com um prato refratário para torta no estilo norte-americano (veja descrição na página 24) e estiver fazendo uma receita que use a massa flaky (página 14).

Faça a massa e abra-a de um tamanho suficiente para forrar o interior do prato e ainda sobrar cerca de 3 cm além da borda do prato. Se for uma torta com tampa, o mesmo vale para a tampa: deverá cobrir o recheio e sobrar.

Se a massa que estiver sobrando para fora da borda do prato não estiver de um tamanho uniforme, com o auxílio de uma tesoura, corte o excesso tentando deixar toda a borda de massa sobressalente com cerca de 2,5 cm ou 3 cm.

Dobre essa borda de massa para baixo dela mesma, apoiando-a sobre a borda do prato. A borda da torta, então, ficará com a massa com o dobro da espessura que estava antes. Aperte levemente na vertical em toda a volta da torta, para que essa massa fique ainda mais alta.

Neste ponto, a borda está pronta para receber o acabamento artístico. Vou ensinar, a seguir, o mais tradicional, que é o canelado (*fluted*, em inglês).

Encoste a parte de cima do polegar e do indicador da mesma mão em movimento de pinça, para que as pontas formem um vão livre em "V".

Encoste esse "V" na lateral externa da borda da massa e, com o indicador da outra mão, empurre a massa no sentido de dentro para fora da torta, em direção ao "V", deixando-a nesse formato.

Gire a fôrma e repita esse processo até completar toda a volta.

Se preferir um acabamento mais simples, faça marcas com um garfo em toda a borda da torta, como aparece na Pecan pie (página 76).

*Se quiser ver acabamentos diferentes, pesquise na internet "Pie crimping". Existe uma infinidade de estilos!*

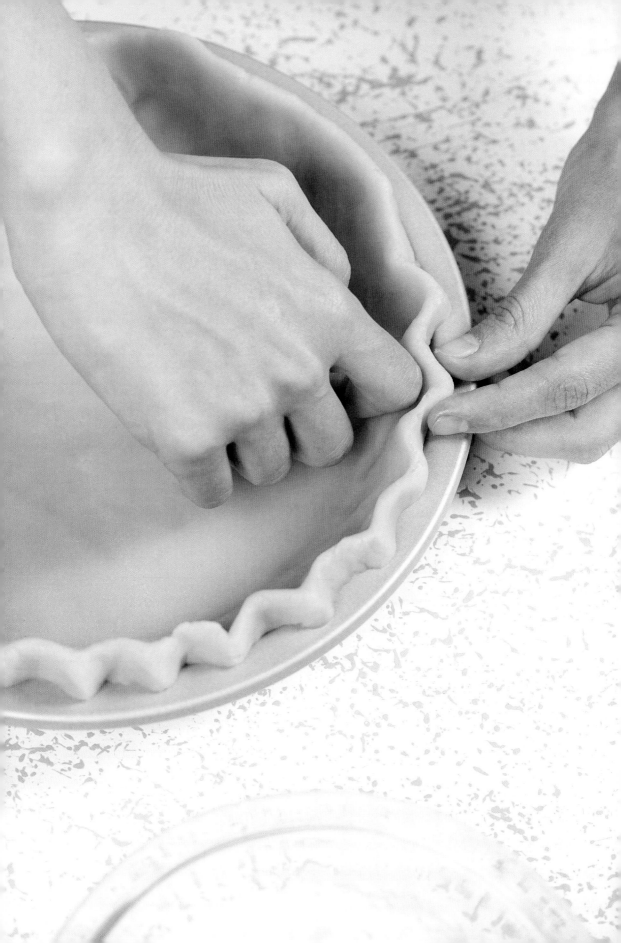

# Merengue suíço (marshmallow)

*Este é o método mais simples para obter um merengue estável, ideal para cobrir suas tortas.*

4 claras (140 g)

1¼ xícara (250 g) de açúcar

1. Coloque água em uma panela pequena e leve ao fogo até ferver (será a base do nosso banho-maria).
2. Misture as claras e o açúcar em uma tigela e coloque-a sobre a panelinha de água fervente.
3. Mexa constantemente as claras até que o açúcar dissolva totalmente e a clara fique quente, mas ainda suportável ao toque.
4. Transfira essa mistura para a batedeira ou bata com batedor elétrico até a clara montar (endurecer) e esfriar.
5. Coloque sobre a torta com uma espátula ou saco de confeitar ou guarde em um pote em geladeira até a hora de usar.

*Muitas vezes, as tortas decoradas com merengue são maçaricadas, para ficarem com essa aparência queimadinha. Caso não tenha um maçarico e queira replicar esse efeito, coloque a torta no forno bem quente por alguns minutos; se tiver função grill, é ainda melhor. Pessoalmente, gosto bastante do merengue todo branco, acho que fica bem bonito.*

# Chantili

*Uma daquelas preparações mais básicas da confeitaria, mas que tem seus truques.*

1 xícara (240 ml) de creme de leite fresco

1 a 2 colheres (sopa) de açúcar, a depender da sua preferência

1. Um dos maiores truques para um chantili de sucesso é começar com tudo o mais gelado possível. Por isso, alguns minutos antes de bater o chantili, coloque a tigela da batedeira, o batedor de arame e o creme de leite no congelador. Se não couber, coloque o creme de leite no congelador e os utensílios na parte mais gelada da geladeira.
2. Coloque todos os ingredientes na tigela da batedeira e bata em velocidade média até formar picos firmes, cerca de 3 a 4 minutos. (O tempo vai variar de acordo com a batedeira. Tome cuidado para não passar do ponto, pois o creme de leite fresco vira manteiga, e isso acontece muito rapidamente.)
3. Faça o mais próximo possível do horário de servir ou de usá-lo, pois o chantili desestrutura com facilidade.

*Adicione 2 colheres (sopa) de iogurte grego natural sem açúcar na metade do processo de bater para ter um chantili um pouco mais durável. A acidez e as proteínas do iogurte ajudam a dar essa estabilidade. Mas também é importante considerar que há um pouco de mudança de gosto.*

# Fazendo tortas pequenas

Pequenas tortas são muito charmosas e há muitas formas de fazê-las.

Duas recomendações importantes:

- Abra a massa um pouco mais fina do que para a torta convencional, assim evita de ficar muita massa para pouco recheio.
- Fique de olho no forno: o tempo de cocção será menor do que o indicado na receita para uma torta grande.

## TARTELETES INDIVIDUAIS

Em lojas de artigos de confeitaria, é bem fácil encontrar fôrmas de fundo removível para pequenas tortas. Normalmente, elas são vendidas em pacotes de 10 unidades.

O procedimento de montagem é igual ao das tortas em tamanho convencional. O resultado são tortinhas bastante elegantes.

## TORTINHAS ASSADAS EM FÔRMAS DE MUFFIN OU CUPCAKE

Uma improvisação que funciona!

1. Abra a massa com o rolo e corte discos de aproximadamente 10 cm a 12 cm.
2. Pressione cada disco em uma cavidade da fôrma e prossiga com a receita conforme solicitado.
3. Caso sejam assadas sem recheio, devem ser desenformadas antes de receberem o recheio!

# MINITORTAS

Bem pequenas, são assadas em forminhas que não têm fundo removível, como forminhas de empada, por exemplo.

Para forrá-las com a massa há duas possibilidades:
- Proceder da maneira habitual de abrir a massa com o rolo, cortar e forrar a fôrma.
- Fazer uma bolinha de massa, colocar dentro da fôrma e ir pressionando com o polegar até forrá-la de maneira uniforme.

Quando se pega o jeito, prefiro a segunda maneira.

Minitortas assadas sem recheio devem ser desenformadas antes de receberem o recheio.

# TORTINHAS SEM FÔRMA

Um filhote do pastel de forno com uma torta! Ela é ideal para as tortas de frutas assadas e tortas de maçã.

1. Abra a massa com um rolo e corte discos do tamanho desejado (recomendo por volta de 8 cm de diâmetro).
2. Coloque metade da quantidade de discos em uma assadeira e disponha uma porção de recheio no centro de cada um. Faça chaminés nos discos restantes: pode ser um simples corte em X ou faça um formato simpático com um cortador.
3. Pincele as bordas com leite, creme de leite ou ovo batido e cubra com os discos restantes. Sele as bordas pressionando com um garfo.
4. Pincele com leite, creme de leite ou ovo batido. Se quiser, polvilhe com açúcar cristal.
5. Leve ao forno preaquecido a 180 °C e asse até dourar.

*Varie o formato: quadrado, flor, estrela, coração são opções que funcionam também. Coloque um palito de sorvete com uma ponta no meio do recheio e feche com a massa por cima do palito. Você terá tortinhas de palito!*

# Bicos de confeitar e seus efeitos

### PITANGA ABERTA

### LISO OU PERLÊ

### PITANGA FECHADA

### SAINT HONORÉ

# Agradecimentos

Pensar nos agradecimentos deste livro me fez ver o quanto minha vida mudou desde que escrevi *Biscoito ou bolacha*, em 2017.

Filho, você foi a principal mudança que vivi nos três anos que separam meus livros. Mesmo com menos de 2 anos de idade, você já ama livros e ama cozinhar, mesmo que de brincadeira. Que possamos fazer juntos estas receitas e tantas outras. Obrigada por ser luz na minha vida e em tantas outras.

Evandro, nossa vida ficou consideravelmente mais louca: mais trabalho, um filho. Por sorte cresceu também o companheirismo e o amor. Obrigada por embarcar nas minhas aventuras!

Mãe e Pai, obrigada por continuamente acreditarem em mim, pelas conversas, trocas e, principalmente, por terem se tornado os avós que são, o que me permite me dedicar ao meu trabalho tão tranquilamente.

Carol, você se tornou minha sócia e a titia "Calol". Você foi a pessoa que viu a ideia deste livro nascer e me incentivou a cada dia deste projeto. Obrigada por me achar louca mas mesmo assim me apoiar. Você acredita mais em mim do que eu mesma e isso me faz querer ser melhor.

À minha equipe, que cresceu tanto, tanto nos últimos anos, muito obrigada por segurarem a barra na produção enquanto me dedicava a este livro. Vocês são demais.

À Editora Alaúde, especialmente à Bia, obrigada pela pronta confiança em mais esse trabalho.

Aos queridos leitores do meu primeiro livro, obrigada por tanto carinho, por compartilharem comigo tantas histórias da vida de vocês. Vocês me motivaram muito a seguir escrevendo.

# Índice alfabético

Apfelstrudel 144
Appeltaart (Torta holandesa de maçã) 82
Apple pie (Torta de maçã em estilo norte-americano) 38
Banoffee (Torta de banana com doce de leite) 152
Chantili 164
Cheesecake 34
Creme de confeiteiro 117
Crostata alla marmellata 50
Crostata di mele e crema (Torta de maçã com creme, em estilo italiano) 70
Galette de frutas 148
Ganache 118
Massa de biscoitos 34, 152
Massa flaky 14
Massa frolla 50, 63, 70
Massa sucrée 16
Massa vegana 102
Merengue suíço 162
Pastiera di grano 62
Pecan pie (Torta de noz-pecã) 76
Pumpkin pie (Torta de abóbora) 44
Recheio "mágico" 118
Streusel de ameixas frescas (Torta crumble) 154
Tarte au citron (Torta de limão ao estilo francês) 88
Tarte tatin 60
Torta bourdaloue (Torta de pera e amêndoas) 74
Torta cremosa de coco 100
Torta de batata-doce 84
Torta de castanha-do-pará com damasco 128
Torta de chocolate com caramelo salgado 108
Torta de chocolate com marshmallow 140
Torta de coco com doce de leite 134
Torta de compota de maçã 78
Torta de creme de tapioca com coco e manga 102
Torta de figos 40
Torta de frutas assadas 56
Torta de frutas frescas 90
Torta de frutas vermelhas com creme de cassis 136
Torta de gianduia 132
Torta de limão 96
Torta de morango com amêndoas 106
Torta de nozes com especiarias 68
Torta de peras ao vinho com creme 94
Torta de pistache e framboesa 120
Torta delizia al limone 124
Torta flã 52
Torta flã de chocolate 54
Torta ganache de chocolate 112
Torta japonesa de frutas (Japanese fruit pie) 66
Torta Linzer 46
Torta Romeu e Julieta 126

# Índice por ingrediente

## Frutas e legumes
Apfelstrudel 144
Appeltaart (Torta holandesa de maçã) 82
Apple pie (Torta de maçã em estilo norte-americano) 38
Banoffee (Torta de banana com doce de leite) 152
Crostata alla marmellata 50
Crostata di mele e crema (Torta de maçã com creme, em estilo italiano) 70
Galette de frutas 148
Pumpkin pie (Torta de abóbora) 44
Streusel de ameixas frescas (Torta crumble) 154
Tarte au citron (Torta de limão ao estilo francês) 88
Tarte tatin 60
Torta bourdaloue (Torta de pera e amêndoas) 74
Torta cremosa de coco 100
Torta de batata-doce 84
Torta de coco com doce de leite 134
Torta de compota de maçã 78
Torta de creme de tapioca com coco e manga 102
Torta de figos 40
Torta de frutas assadas 56
Torta de frutas frescas 90
Torta de frutas vermelhas com creme de cassis 136
Torta de limão 96
Torta de morango com amêndoas 106
Torta de peras ao vinho com creme 94
Torta delizia al limone 124
Torta japonesa de frutas (Japanese fruit pie) 66
Torta Linzer 46
Torta Romeu e Julieta 126

## Castanhas
Pastiera di grano 62
Pecan pie (Torta de noz-pecã) 76
Torta bourdaloue (Torta de pera e amêndoas) 74
Torta de castanha-do-pará com damasco 128
Torta de nozes com especiarias 68
Torta de pistache e framboesa 120

## Chocolate
Cheesecake 34
Torta de chocolate com caramelo salgado 108
Torta de chocolate com marshmallow 140
Torta de gianduia 132
Torta flã de chocolate 54
Torta ganache de chocolate 112

Copyright de texto e fotos © 2020 Luciana Bonometti de Figueiredo Buccini
Copyright desta edição © 2020 Alaúde Editorial Ltda.

Todos os direitos reservados. Nenhuma parte desta edição pode ser utilizada ou reproduzida – em qualquer meio ou forma, seja mecânico ou eletrônico –, nem apropriada ou estocada em sistema de banco de dados sem a expressa autorização da editora.

*O texto deste livro foi fixado conforme o acordo ortográfico vigente no Brasil desde 1º de janeiro de 2009.*

COORDENAÇÃO EDITORIAL: Bia Nunes de Sousa
PREPARAÇÃO: Camile Mendrot (Ab Aeterno)
REVISÃO: Claudia Vilas Gomes
CAPA E PROJETO GRÁFICO: Amanda Cestaro
FOTOS: Estúdio Gastronômico

1ª edição, 2020
Impresso no Brasil

Dados Internacionais de Catalogação na Publicação (CIP)
(Câmara Brasileira do Livro, SP, Brasil)

Bonometti, Lu
A simples arte de fazer tortas doces / Lu Bonometti ; [fotografia Estúdio Gastronômico]. -- São Paulo : Alaúde Editorial, 2020.

ISBN 978-85-7881-618-6

1. Receitas (Culinária) 2. Tortas doces (Culinária) I. Estúdio Gastronômico. II. Título.

20-33612                                                 CDD-641.8652

Índices para catálogo sistemático:
1. Tortas doces : Receitas : Culinária 641.8652
Cibele Maria Dias - Bibliotecária - CRB-8/9427

2020
Alaúde Editorial Ltda.
Avenida Paulista, 1337, conjunto 11
São Paulo, SP, 01311-200
Tel.: (11) 3146-9700
www.alaude.com.br

Compartilhe a sua opinião
sobre este livro usando a hashtag
#ASimplesArteDeFazerTortasDoces
nas nossas redes sociais:

 /EditoraAlaude
 /EditoraAlaude
 /AlaudeEditora